RENMINBI GUOJIHUA YU
QUANQIU CHANYE FENGONG

人民币国际化与全球产业分工

刘玉人 何文 著

经济日报出版社

图书在版编目（CIP）数据

人民币国际化与全球产业分工/刘玉人，何文著.—北京：经济日报出版社，2023.12

ISBN 978-7-5196-1348-8

Ⅰ.①人… Ⅱ.①刘… ②何… Ⅲ.①人民币-金融国际化-研究 Ⅳ.①F822

中国国家版本馆 CIP 数据核字（2023）第 180968 号

人民币国际化与全球产业分工
RENMINBI GUOJIHUA YU QUANQIU CHANYE FENGONG

刘玉人　何　文　著

出　版	经济日报出版社
地　址	北京市西城区白纸坊东街 2 号院 6 号楼 710（邮编 100054）
经　销	全国新华书店
印　刷	北京虎彩文化传播有限公司
开　本	710mm×1000mm　1/16
印　张	11.25
字　数	167 千字
版　次	2023 年 12 月第 1 版
印　次	2023 年 12 月第 1 次印刷
定　价	58.00 元

本社网址：edpbook.com.cn　　　　微信公众号：经济日报出版社
未经许可，不得以任何方式复制或抄袭本书的部分或全部内容，版权所有，侵权必究。
本社法律顾问：北京天驰君泰律师事务所，张杰律师　举报信箱：zhangjie@tiantailaw.com
举报电话：010-63567684
本书如有印装质量问题，请与本社总编室联系，联系电话：010-63567684

前　言

　　世界正在经历百年未有之大变局，经济全球化进入低速发展周期、国际货币体系正经历变革，是现阶段世界经济格局发展的主要特征，也是人民币国际化和全球产业分工的背景和前提。改革开放以来，中国经济发展保持了高质量的增长，在全球经济发展中发挥着越来越重要的作用。伴随着中国深度参与国际分工，人民币国际化必然会对全球产业分工产生重要的影响。

　　货币因素一直是讨论全球产业分工相关问题时，被学者们刻意回避但也无法回避的因素。一方面，国际货币在国际贸易中起着至关重要的作用，离开货币，跨国贸易和对外投资无法顺畅运转；另一方面，学者们普遍将货币因素作为成本因素的一种，以成本影响全球产业分工的方式考虑其产生的影响，忽视了国际货币在其中的影响，弱化了其对全球产业分工的影响。随着人民币走上历史舞台，现有的国际货币格局将会被打破，新的发展形势对全球产业分工的冲击是前所未有的。所以，深入分析货币国际化与全球产业分工的关系，讨论国际货币对全球产业分工的影响机制，进而分析人民币国际化对全球产业分工格局的影响，是对现有研究的重要补充，对于人民币更好地在国际舞台发挥作用具有重要的理论意义。

　　现实中，国际货币格局演化是一个长期的过程，人民币国际化走上历史舞台也面临着问题和挑战，深入分析这些问题的原因和对策，对人民币顺利行使国际货币职能，起重要支撑作用，具有现实意义。更为重要的是，全球产业分工格局中，中国正从"外围"向"中心"发展，在全球价值链中也正由低端向中高端移动，中国在全球产业分工中的地位进一步提升，离不开国际货币——人民币的贡献。而对于国际货币如何影响全球产业分工格局，提升国际货币发行国在全球产业链和供应链中的地位，缺乏充分的讨论，也没有理论基础。本书得到的相关结论，可以为相关政策的提出提供依据，具有现实意义。

国内外已出版的研究货币国际化、人民币国际化或全球产业分工的书籍，都是从研究对象内部结构、影响因素、决定条件、发展趋势等角度分析的，鲜见将其中两者之间关系作为研究重点进行分析，这是研究领域中的空白。本书将货币因素从成本因素中独立出来，分析货币国际化对全球产业分工的影响，研究视角较新。

本书主要有三个特点：

一是将货币因素从成本因素中独立出来，作为重要的影响因素，分析货币国际化和全球产业分工的关系，分析国际货币对全球产业分工格局的影响，重点分析了人民币国际化与全球产业分工的互动关系。

二是区别于以往单纯从货币国际化理论视角分析人民币国际化的影响，以新经济地理学理论为基础，系统分析货币国际化对全球产业分工的影响机制，并以人民币为典型案例，分析人民币国际化对全球产业分工产生的具体影响。

三是尝试将国际贸易理论（产业分工）和国际金融理论（人民币国际化）两个领域打通，建立货币与实体经济、贸易、投资等领域关系的理论模型。

基于此，本书从人民币国际化和全球产业分工的背景出发，分析人民币国际化和全球产业分工的驱动力量、历史演变和发展现状，基于现有研究对两者的认知和讨论，以新经济地理学理论为依据，讨论货币国际化对全球产业分工的影响机制，重点探讨人民币国际化给全球产业分工带来的影响。

目 录

第一章 经济全球化背景下的人民币国际化和全球产业分工 ………… 1

第一节 经济全球化和国际货币体系变革 ………………………… 1
第二节 人民币国际化走上历史舞台 ……………………………… 6
第三节 全球产业分工深化 ………………………………………… 13

第二章 人民币国际化与全球产业分工：现有的认知 ………………… 20

第一节 关于货币国际化与人民币国际化 ………………………… 20
第二节 关于全球产业分工的驱动因素和影响 …………………… 25
第三节 货币国际化与全球产业分工关系 ………………………… 32

第三章 人民币国际化进程中的全球产业分工格局演变 ……………… 35

第一节 人民币国际化的概念 ……………………………………… 35
第二节 人民币国际化的进程 ……………………………………… 38
第三节 人民币国际化的现状 ……………………………………… 43
第四节 人民币国际化进程中全球产业分工的特征 ……………… 51
第五节 重点行业和产业全球分工的布局现状 …………………… 54

第四章 国际产业分工与双边贸易 ……………………………………… 65

第一节 FC 模型的理论框架 ……………………………………… 66

第二节　两国框架下的国内外贸易额和国际收支 …………… 80
第三节　多国框架下的国内外贸易额和国际收支 …………… 95

第五章　货币国际化影响全球产业分工的机理分析 ………… 125

第一节　货币与汇率 ……………………………………………… 125
第二节　国际货币的资本禀赋效应 ……………………………… 129
第三节　货币国际化的贸易成本效应 …………………………… 147

参考文献 ……………………………………………………………… 165

第一章　经济全球化背景下的人民币国际化和全球产业分工

本章将以经济全球化低谷期和国际货币体系变革为切入点，分析人民币国际化和全球产业分工的背景，并以此为基础分析人民币国际化的动因和挑战、主要货币国际化的经验，以及经济全球化过程中全球产业分工发展深化的情况。

第一节　经济全球化和国际货币体系变革

全球经济进入逆全球化周期和国际货币体系正经历变革，是当今世界经济发展的两大特征。逆全球化带来的负面影响和现有国际货币体系的痼疾，将各经济体暴露在无法回避的风险之中。因而分析逆全球化的成因和影响，研究国际货币体系改革变得十分必要。

一、全球经济进入逆全球化周期

经济全球化一词最早在1985年被提出，但至今没有公认的定义。国际货币基金组织（IMF）将经济全球化定义为：跨国商品、服务贸易、资本流动规模和形式增加，技术广泛迅速传播，使得世界各国经济的相互依赖性增强。本书认为，经济全球化是指各类资源，包括人力资源、生产技术、贸易商品、服务产品、资本等要素在国家间的流速和流量提升，实现资源在世界范围内的有效配置，从而各经济体之间形成了互相联系、互相依赖关系的动态过程。

无论是从历史角度看，还是从经济视角看，经济全球化并非天然存在的，而是人类社会经济发展的必然产物。

经济全球化是随着人类进入近代社会而实现的。得益于15世纪末新航路的开辟和地理大发现，欧洲、美洲和亚洲的社会经济交往日益密切，资金、人力、物品等跨境流动孕育了经济全球化的萌芽。由此，学术界主流观点认为，15世纪末16世纪初是广义经济全球化的开端。经济全球化最初的动力来源于第一次工业革命后发达经济体快速发展，开拓海外市场，寻求本国缺少的原材料和劳动力，倾销本国过剩产品的需求大大增加。但是经济全球化并非符合单向发展的规律，而是和经济增长与发展相类似，呈现出周期性的特点，经济全球化的低谷与繁荣交替出现。20世纪前半段，第一次世界大战、1929年到1933年的经济大萧条以及第二次世界大战相继出现，两次世界大战后全球经济霸主英国因为经济实力受到严重削弱而放弃了金本位制度，实行了以邻为壑的对外经贸政策，拉开了各国竞相开展贸易战的序幕。这一时期便可认为是全球化的低谷或逆全球化时期，严重破坏了此前经济全球化的成果。

狭义的经济全球化开始于20世纪40年代。第二次世界大战后，布雷顿森林体系建立，确立了以美元为中心的国际货币体系，包括国际货币基金组织（IMF）、世界银行（WB）、国际清算银行（BIS）和世界贸易组织（WTO）等在内的国际组织也相继成立。各经济体的贸易政策由保守变为开放，区域经济集团和区域贸易投资协定出现，区域经济一体化趋势明显，全球范围内的经济活动总量占世界总产出（各国GDP之和）的比重不断上升，经济全球化程度加深。但是，2008年美国次贷危机的爆发再次给经济全球化按下了暂停键。相较于2008年全球贸易和投资的快速增长，2008年后全球贸易量和投资总量都徘徊不前，增长乏力，仅在少数年份有小幅增长，其余年份都是在危机前的峰值左右波动。尤其是发达国家，在受到经济危机的冲击后，国内收入不均越发严重，阶级矛盾不可调和，贸易单边主义和保守主义思想泛滥，并逐渐影响对外贸易政策，引发了新一轮逆全球化浪潮。美国退出跨太平洋伙伴关系协定（TPP）、英国公投脱离欧盟、美国发起对中国的贸易战，甚至俄乌战争都是经济逆全球化的体现。

经济全球化具有双重影响。客观上，经济全球化具有积极作用：增进了全球总福利，缩小了各经济体之间的发展差距和收入差距，满足了需求的多样性。因为生产要素在全球间流动，利用效率超过了在一国内流动的配置效率，这一点毋庸置疑。但是不容忽视的是，经济全球化的出现和发展具有显著的不平等性，从而产生了负面影响。19世纪之前的经济全球化带有显著的殖民属性，20世纪后的经济全球化具有霸权主义性质，发展中国家在与发达国家的竞争中始终处于弱势地位。发展中国家缺乏在国际经济体系中的话语权，在贸易规则的制定中始终处于被动地位，得到的经济全球化福利也有限。即使部分发展中经济体凭借人口红利得到了技术和产业转移，缩小了和发达国家之间的发展差距，但是很少能妥善解决陷入中等收入陷阱的问题，同时国内的贫富差距却进一步被拉大。

经济逆全球化则进一步削弱了经济全球化的积极影响，而且扩大了经济全球化的消极影响。以美国为首的西方发达国家的逆全球化政策，将使得发展中国家被迫采取更为保守的对外经济政策，这是对经济全球化成果的侵蚀和破坏。同时，逆全球化发展将继续恶化发展中国家的国际地位，并且因为贸易保护主义盛行而导致全球产业链和供应链的断裂，使得全球产业分工结构发生变化。

虽然目前全球进入了逆全球化时期，但是考虑到现有的国际产业分工和全球产业链、价值链已然形成且具有历史惯性，逆全球化不会给发达国家带来长久的利益，我们相信经济全球化仍是全球经济发展的大趋势。那么，如何缩短逆全球化的时间跨度、减少逆全球化的损失和负面影响，是值得深入思考的问题，也是全球各经济体的责任所在。如美元作为世界货币推进经济全球化发展，人民币走向世界舞台发挥国际货币作用，不失为解决逆全球化问题的一种选择。

二、国际货币体系需要变革

纵观国际金融体系的变迁历史可以发现，国际金融体系稳定与有效运作的前提是国际金融权力格局与国际经济力量格局相匹配。国际货币体系是国际金融制度的核心，现有的"美元本位"制度在多次经济、金融危机冲击下充分暴露了自身的缺陷，全球经济失衡加剧、发展中国家利益受到更多重视以及区域经济金融的自助与互助形式的兴起，都将加速"美元本位"退出历史舞台，也反证了金融权力格局与经济格局之间存在明显的错配。与此同时，人民币以中国大陆坚实的经济基础为后盾，在2016年正式走上世界舞台，为现有国际货币体系的改革和全新国际货币体系的构建提供了新的思路和选择。然而变革并非一蹴而就，而且各经济体无法回避新旧制度更迭带来的阵痛。

（一）现有国际金融体系陷入非有效和非稳定的矛盾状态，增加了各经济体参与国际经济金融活动的风险

现行的国际金融制度是在布雷顿森林体系崩溃后，基于国际利益协调和维持国际金融基本稳定的目的，以牙买加协议为运行依据的国际金融框架。在这一框架下，原布雷顿森林体系下的机构——国际货币基金组织和世界银行等继续运转，布雷顿森林体系下的监管和治理原则与理念继续沿袭，国际金融体系中的核心——国际本位货币制度、汇率制度和国际收支制度问题并无相应的制度安排和约束，非稳定和非有效性成为现行国际金融体系最大的特征。具体主要表现在：

首先，金融风险难以分散。在国际金融市场领域，全球绝大部分资产都以美元计价，造成了国际资本对美元和美国经济稳定性的依赖，从而使资产配置的风险过度集中在单一货币上，一旦美元汇率和美国经济出现任何形式的波动，跨国资本的非常规流动都会造成全球金融市场的不稳定，因而可能诱发各种形式的经济危机。

其次，美元价值稳定发生根本性动摇。美元作为国际货币向全球供给的渠道单一，主要通过美国国内信用的扩张从而形成数量上的保证，再以美国对外贸易逆差的方式向非储备国输出。美国经过40余年的长期贸易逆差累积的天文贸易赤字，以及2008年国际金融危机对美国经济的冲击，让人们对美元的真实价值产生了怀疑，持有美元的信心被极大削弱。

最后，各经济体的责任和收益不对等。美国是该制度下的最大受益方，

其不仅可以获得大量的铸币税收入、低成本获得和使用全球资金，还能最大程度降低汇率波动的风险，在没有其他力量约束的条件下，没有理由和动力去承担相应的责任；而非储备货币发行国不仅无法获得对等的各种益处，还是储备货币发行国国内政策的被动受体，在面临危机的情况下，美国利率和汇率政策根本上是以维护自身利益为出发点，该政策会通过美元输出和汇率波动将危机和成本转嫁给其他各国，金融体系的抗干扰能力被削弱，引起全球经济的进一步震荡。

（二）国际金融机构设计缺陷和国际金融监管职能缺失，进一步将各经济体的经济活动暴露在风险中

国际金融体系的重要载体是以国际货币基金组织和世界银行为主要组成的国际金融机构，然而，两者的决策机制与治理结构仍沿袭布雷顿森林体系时期以国际贸易为格局的权益分配方式，决策权和话语权集中在欧美等少数发达国家手中（见表1.1），绝大多数经济体的利益实现无法得到公正、平等的保证。同时，在危机防范和缓解机制方面的设计也存在着僵硬教条化和功能设计缺失等问题，如救援条件多、危机支援不及时、国际金融机构提供资金援助能力不足、国际金融体系的最后贷款人角色缺失等。

表1.1 主要经济体在IMF中投票权的排名比较

国家	2008年占比（%）	排名	2010年占比（%）	排名
美国	16.7	1	16.47	1
日本	6.0	2	6.1	2
德国	5.9	3	5.3	4
法国	4.9	4	4	5
英国	4.9	5	4	5
中国大陆	3.7	6	6.1	3

资料来源：根据国际货币基金组织数据（www.imf.org）和高海红．布雷顿森林遗产与国际金融体系重建[J]．世界政治与经济，2015（3）的相关数据整理而得。

在国际金融监管方面，现有的国际金融监管机构主要包括国际货币基本组织、世界银行、巴塞尔银行监管委员会、金融稳定理事会、国际清算银行

等。各监管机构的监管目标不甚明确、监管机制不健全,机构间协调性和统一性较差、缺乏具有可操作性的机构间合作方案,造成了监管职能的错位和缺位,而这一缺乏硬约束的监管制度进而引发了国际金融体系稳定性和有效性的根基缺失。

鉴于对现有国际金融体系的失望,各经济体出于防止危机蔓延和阻止危机深化的目标和需求,在区域合作领域进行了一系列颇有成效的合作。在双边层面,国际金融危机前后各主要经济体的央行间以及它们与周边中小国家也签署了货币互换协议,寻求地区金融稳定。在地区层面,东亚外汇储备库已经正式建立,东盟和中、日、韩共同成立了清迈倡议多边机制(CMIM),用于救助可能出现流动性困难的成员国,防止发生进一步的危机;欧洲也设立了欧洲金融稳定工具(EFSF)和欧洲金融稳定机制(ESM),维护欧元区的经济金融稳定。尤其是在中国大陆积极倡导下成立的亚洲基础设施投资银行,以及为减小美国金融政策造成的国际金融市场资金波动、避免在下一轮金融危机中受到货币不稳定影响而成立的金砖银行。这些无疑为人民币走出国门带来了机遇和挑战。

第二节 人民币国际化走上历史舞台

2009年是国际金融危机发生后的第二年,也是人民币走上历史舞台的元年。经过四十余年的发展,中国经济总量位列世界第二,贸易总量居世界首位,在危机阴霾笼罩下,世人对中国经济和人民币国际化充满了想象和期待,因为一国的经济实力和货币国际地位是相辅相成的。历史上,英镑和美元实现了货币完全的国际化,日元和欧元实现了货币部分国际化。现实中,2009年中国人民银行、财政部、商务部、海关总署和国家税务总局联合发布《跨境贸易人民币结算试点管理办法》,人民币开始承担跨境贸易结算和计价职能,在俄乌冲突后,人民币的国际储备职能发挥了越来越重要的作用。那么为什么人民币可以实现国际货币的功能?背后驱动力是什么?美元、日元和欧元的国际化进程是否可以提供经验?进一步推进人民币国际化面临哪些问题和挑战？上述问题将是本节重点讨论和分析的内容。

一、人民币国际化的动因

从根本上讲，人民币跨越国界实现跨境贸易的计价和结算，并成为国际储备货币，承担国际货币的职能，是由市场力量，即货币供给——一个国家的经济规模、国际贸易和国际金融等影响力和货币需求所最终决定的。虽然中国政府在推进人民币国际化进程中表现出积极的态度，但政策力量并非决定性因素，仅可顺市场之势而为，却无法撼动市场力量的方向。人民币走上国际舞台主要有以下四方面原因。

第一，中国经济实力逐渐增强，政治稳定是人民币国际化的坚实基础。经验表明，只有一国的经济实力和金融市场达到一定程度，该国的主权货币才有可能被其他国家和地区所接受和使用。所以人民币国际化并非中国的一厢情愿，而是中国经济发展的必然结果。2009年中国成为全球货币贸易第一大出口国和第二大进口国，2010年中国超过日本成为全球第二大经济体，2011年起连续十年中国对外投资流量位列全球前三，2013年中国超越美国成为全球货物贸易第一大国，2020年中国首次超过美国成为全球最大外资流入国，中国经济的发展有目共睹。世界经济在2008年国际金融危机后，实际上进入了分化动荡的状态，整体复苏乏力。在复杂严峻的国际环境下，中国积极适应，并主动引领新常态，深入推进供给侧结构性改革，加快构建以国内大循环为主体、国内国际双循环相互促进的新发展格局，经济发展稳健向好，成为新兴市场乃至全球经济增长的稳定器和推动器。同时，中国政治稳定，金融市场的深度和广度不断提升，人民币汇率形成机制不断完善，进一步提升了人民币的国际信心和接纳认可度。

第二，人民币持续走强，境外市场需求强劲是人民币国际化的主要动力。改革开放以来，中国不断深化改革，积极融入全球分工和产业链中。2001年加入WTO，中国加快与国际规则接轨，全面开启了内部经济改革的进程，并凭借人口红利和低成本优势一跃成为全球最大的制造业国家和全球最大货物贸易国，进出口贸易总额从2001年的0.5万亿美元上升为2008年的2.6万亿美元，再上升为2022年的6.3万亿美元。这对促进全球经贸发展、对抗贸易保护主义起到了积极且重要的作用。同时，中国从单向的吸引外资变为双向的投资大国，2011年起中国连续10年成为对外投资流量全球前三大国，中国一直是发展中国家最大的外资流入国，2020年更是首次超过美国成为全球最大外资流入国。同时，中国注重双边和多边合作。2020年中国主导的覆盖世界人口数目最多、经贸规模最大、最具发展潜力的区域全面经济伙伴关系协定（RCEP）正式签署生效。截至2022年9月，中国已经与26个国家和地区签署了19个自贸协定，特别是在中国经济发展、国际贸易和双向投资强劲增长的带动下，人民币汇率持续走强，微观主体对人民币的使用和持有需求从经常项目向资本金融项目延展且规模不断增加，并随着市场变化动态增长和调整。

第三，金融改革、金融开放和政策推动是人民币国际化的重要支撑。中国加入WTO以后，对金融领域的改革和金融体系的优化始终保持着积极的态度。首先，银行单一主导的金融体系正在转型，加快形成适应市场经济发展的、银行和资本市场互相支撑的金融体系。其次，健全市场化均衡利率机制和现代货币政策框架，完善央行政策利率体系。最后，完善以市场供求为基础的有管理的浮动汇率制度，加强对金融基础设施、金融市场、金融机构的统筹监管，促进微观审慎监管不留空白。在持续深化的金融供给侧结构性改革带动下，中国金融结构得到了优化，金融体系得以高质量发展，对中国经济的促进作用也愈发明显。中国政府顺应市场需求，逐步放开对人民币的管制，建立了人民币跨境使用的政策体系，并完善相关基础设施，保障人民币高效安全地流通和使用。中国一方面在促进贸易便利化基础上，逐步开放直接投资、跨境人民币资金池、银行间债券市场、人民币合格境外机构投资者（RQFII）、沪港通、深港通、债券通等，并推动人民币离岸市场建设，为人民币跨境使用提供了有效通道；另一方面，不断完善境外参与行和清算行进入境内市场的相关方式，提升股市互联互通额度，挂牌交易人民币原油期货，进一步增加了人民币资产配置对全球投资者的吸引力。2021年，粤港澳大湾区"跨境理财通"业务试点启动，对提升中国金融市场双向开放水平、助推人民币国际化建设有着重要意义。

第四,世界经济格局的改变给人民币国际化带来窗口期。国际金融危机频繁爆发,世界主要货币大幅波动,暴露了现有国际货币体系的弊端,极大地削弱了人们对美元价值稳定的预期和信心,对国际金融货币体系的改革也逐渐成为各国共识,新兴经济体要求在国际金融领域发挥更大的作用。作为新兴市场国家,也是全球最大的发展中国家,中国主动承担起国际职责,在保障经济稳健发展和汇率稳定的同时,积极倡导自由贸易,坚定不移地走打造人类命运共同体的开放之路,得到了国际社会的广泛认可和响应。在这一背景下,中国推动人民币跨境计价和结算,世界对人民币汇率稳定和价值坚挺持有良好的预期,人民币国际化获得了难得的历史发展机遇。2015年,国际货币基金组织（IMF）将人民币纳入SDR货币篮子,成为人民币走上世界舞台的里程碑事件,也是国际货币改革的重要组成部分,为人民币金融交易和国际储备职能注入了新的力量。特别是美国不断奉行逆全球化政策,频频挑起国家间的争端,导致全球范围内出现了去美元化的浪潮,同时越来越多国家将人民币纳入官方储备货币选项中,为人民币国际化提供了机会。

二、主要货币国际化的经验

纵观国际金融货币史,我们可以发现：英镑、美元、日元、欧元先后执行了全部或部分国际货币的职能。这些货币在国际金融和贸易领域的出现、壮大、式微以及消亡,符合客观规律,同时也拥有诸多教训和经验值得正走向国际舞台的人民币学习。本部分将针对四种货币国际化进程进行分析,总结其对人民币国际化的启示。

1. 英镑国际化过程

从19世纪80年代开始,英国凭借工业革命带来的技术领先和巨大的竞争优势,使得英镑成为第一个行使国际货币职能的主权货币。由于英国货物贸易持续顺差和资本净输出,同时还创造了金本位制,形成近代较先进的金融体系和全球最大的金融中心,保持了英镑汇率坚挺,有力支撑了英镑的国际货币地位。但是第一次世界大战的爆发严重削弱了英国的经济实力,特别是引发了国际收支恶化，国际收支由顺差变为了逆差，英镑汇率持续走低。20世纪30年代初，英国放弃金本位制，进一步动摇了英镑的国际地位。随着国民财富大幅缩水，英国由二战前的债权国变为战后的债务国，美国则在二战后一跃成为世界第一大经济体、第一大贸易国、拥有黄金储备最多的国家，由此最终导致英镑的国际货币地位被美元所取代。

2. 美元国际化过程

两次世界大战后，英国包括经济在内的综合国力严重下滑，与此同时，美国的工业产量、贸易总量和黄金储备都跃居世界首位。1944年布雷顿森林体系建立，以制度的形式确立美元的国际储备货币地位，标志着其替代英镑成为新的国际货币。美元国际化不到30年，20世纪60年代美国经济危机频繁爆发引发了国际市场上的美元信用危机。然而美元的国际货币地位并没有受到太大影响，原因在于以下两方面。一方面，货币成为国际货币的"特权"具有历史延续性，国际货币的使用者也具有"路径依赖"。例如美国在第一次世界大战前经济总量就已经超过英国，但是美元取代英镑成为国际货币却是在"二战"快结束时。另一方面，美国推动美元成为石油的计价和结算货币，美国跨国公司的全球扩张，以及美国金融创新和金融市场不断发展，都造成了各经济主体主动或被动地持有和使用美元。虽然美元国际货币地位没有被大幅削弱，但是国际货币体系陷入了混乱和无序状态，为更多主权货币成为国际货币提供了可能性。

3. 日元国际化过程

随着二战后社会经济恢复和经济实力的增强，日本政府以官方推动的形式开启了日元国际化进程。20世纪80年代初期，日本的GDP位居世界第二，对美国贸易出现了顺差，且日本成为全球第一大对外直接投资国。在此基础上，日本政府顺势放宽对日元的管制，实现资本项目可兑换。到20世纪90年代初，日本进出口贸易的本币结算比例分别达到14.5%和37.5%，日元在国际外汇储备中比重近10%，仅次于美元和德国马克。显然，日元的国际化对美元在国际货币体系中的地位形成了挑战。美国凭借强大的综合实力，迫使日本接受"广场协议"，由此日元进入了长达十余年的升值周期。日元过度升值，不仅使得日本贸易顺差缩小，还导致了国际资本因为日元贬值预期而从日本外逃，日本经济陷入低迷，日元国际化进程暂停。

4. 欧元国际化过程

区别于上述单一主权货币成为国际货币，欧元是在区域货币一体化的基础上，逐渐发展成为仅次于美元的国际货币。2002年欧元正式成为欧元区合法的超主权货币。整个欧元区经济总量、金融资产总量都和美国相近，贸易总量超过美国，约占世界贸易的1/5，同时欧元区还有着美国所不具备的对外贸易顺差。得益于欧元区经济稳定增长和大规模的贸易顺差，以及由此带来的欧元币值的稳定，欧元国际货币地位得到不断巩固和提高。但是欧元区汇率制度缺乏独立性，延缓了欧元在国际货币体系中发挥重要作用的进程。原因在于欧元也无法摆脱"三元悖论"带来的难题，其在发挥国际货币职能时，无法兼顾汇率的稳定性和货币政策的独立性。

总体来讲，英镑和美元的国际化过程最为成功，两者在不同时期发挥了国际货币职能，日元则受制于地缘和政治原因，相对而言国际化过程不顺利，尽管欧元因自身设计的制度缺陷导致国际化程度无法与美元相匹敌，但是欧元的存在给美元霸权地位带来了较大的挑战，使得国际货币多元化成为可能。

上述主要货币国际化过程，给正走向国际舞台的人民币提供了如下启示。

首先，经济实力优势是货币国际化的先决条件。无论是美元对于英镑的替代，还是日元和欧元走出国门行使国际货币职能，背后最主要的支撑力量是主权货币所在国的经济有极强的竞争力。所以想要实现人民币国际化，前提条件即中国经济实力需要进一步增强。虽然目前中国是全球第二大经济体，但是GDP总量仅为全球第一大经济体美国的七成，且在多个领域尤其是科技领域的发展受到西方各国的限制，无法实现自主发展。如果无法实现自主发展，那么日元国际化就是我们的前车之鉴。

其次，应该大力发展金融市场，特别是丰富人民币金融衍生品种类。纽约和伦敦是世界性的金融中心，东京和法兰克福也位于全球十大金融中心之列。这些金融中心对于美元、英镑、日元和欧元的国际化发挥着不可替代的作用。中国金融市场发展较晚，金融制度仍不健全，风险承受能力较差，特别是人民币资本项目仍没有完全开放。因而加快金融市场改革、增加金融市场的活力、满足国内外投资者对人民币衍生产品的需求是人民币国际化过程中的一项重要任务。

最后,要重视区域内的金融和货币合作,强化政府在货币国际化中的作用。欧元的诞生为人民币国际化提供了一个新的思路,即先区域化再国际化。虽然这一过程比较漫长,欧元从提出设想到最后实现用了30年,但是欧元在国际货币体系中的地位和影响逐年增加,是第一个对美元国际地位带来巨大挑战而没有被扼杀的新国际货币,让国际货币多极化发展成为现实。同时欧洲各国政府推动欧元诞生所做的努力,与日本政府在日元国际化初期时的消极态度形成了鲜明对比。此外,日本政府在日元国际化中后期一改前期谨慎的态度,支持政策变得更为激进也是日元国际化失败的原因之一。

三、人民币国际化面临的挑战

对比主要货币国际化进程,我们可以发现,人民币在不断扩大国际使用的过程中不可避免地面临着挑战。我们将这些挑战划分为两部分:一部分是外部的挑战;另一部分是来自中国内部的挑战,包括中国综合实力提升、金融风险的管理、保持经济发展韧性等问题。

来自中国内部、对人民币国际化的挑战主要体现在三个方面,包括中国是否能够顺利构建以国内大循环为主体、国内国际双循环相互促进的新发展格局,是否能够守住不发生系统性金融危机的底线,是否能够保持经济发展韧性、经受住美国的极限施压等。

第一,中国是否能够顺利构建"双循环"新发展格局。人民币国际化的最基本支撑是中国经济持续高质量发展。以国内大循环为主体、国内国际双循环相互促进的新发展格局关系到未来中国经济稳健高质量发展,也是人民币国际化的必由之路。当前全球经济发展进入低谷期,尤其是经过了新冠疫情的冲击,中国国内经济发展面临着严峻考验。中国经济结构失衡、创新能力薄弱、关键科技领域被"卡脖子"、经济贸易总量大而不强、产业有待转型升级等问题更加突出,制约了中国经济长期发展的潜力和竞争力。

第二，中国是否能够避免系统性金融危机的发生。人民币国际化实际上就是中国开放资本金融账户，放宽对人民币管制的过程。在国际资本流动渠道和规模拓展、国际金融市场联动提高的情况下，加强对金融风险的预测、防范和管理显得尤为重要，这是人民币国际化的关键一环，也是人民币国际化过程的基本保障。因此，人民币国际化要求中国金融开放和风险管理并行，在减少汇率管制、促进贸易投资便利化、推进资本项目有序开放的同时，维护金融安全，守住不发生系统性金融风险的底线。

第三，中国是否能够保持发展韧性。当前全球经济增长放缓，保护主义抬头，大国间的战略博弈加剧。中国坚定走好打造人类命运共同体的开放道路，获得国际社会的认可和支持，积极推动全球治理体系改革，提升自身在国际经济金融体系中的话语权，为构建国际新秩序贡献中国智慧和中国方案，对人民币国际化发展至关重要。

第三节　全球产业分工深化

随着经济全球化深入、科技不断发展，各经济体间贸易和投资的限制逐渐被移除，资金、信息、技术、人力、商品等可以在全球范围内实现更为顺畅的流动。各经济体通过跨国产业分工，建立了经济方面相互关联、相互依赖、相互博弈的全球产业链、供应链和价值链。

世界各经济体是全球产业分工的参与者、推动者和受益者。在全球产业分工格局不断演化发展中，一国或地区不必再建立完整的产业体系，而是凭借自身的竞争优势从事特定产业、产品或部门的特定环节的生产任务，从而使这些国家和地区经济得到了长足的发展，获得了经济全球化的红利。经济发展带来的经济实力对比的变化，反过来又推动了新的全球产业分工格局的演变，不断破除不合理的旧国际经济制度，建立符合国际分工发展格局、符合各经济体实力对比的新的国际经济金融货币制度。当前世界经济处在全球化波动上升阶段，国际经济、金融货币体系都经历着百年未有之大变局，深入分析全球产业分工驱动力量、主要模式和历史演变，具有重要意义。

一、全球产业分工的驱动力量

全球产业分工是经济全球化发展和深化的必然结果,是世界各经济体出于自身利益最大化考虑,而自主或被动承担不同的生产任务和生产角色的经济行为,是社会分工向世界范围内扩展的结果。全球产业分工是国际贸易和世界市场的基础,也是全球经济发展秩序的奠基石,并形成全球价值链和国际生产网络。全球产业分工格局演变的核心动力来源于两方面,一方面是"成本差",另一方面是"产业极差"。

"成本差"来源于各经济体间要素禀赋的差异和相对变化。按照要素投入构成的不同,逐渐出现劳动密集型产业、资本密集型产业、技术密集型产业和知识密集型产业。随着发达经济体的经济不断发展,要素价格呈现提高趋势,尤其是劳动力成本的上升,造成了其要素禀赋变化,也造成发达经济体在劳动密集型产业中的生产成本要高于次发达地区或者欠发达地区,由此形成该行业的"成本极差"。所以,发达经济体出于利益的驱动,将高成本的产业外移到低成本地区生产,再通过贸易手段以低于国内生产的价格将高成本产业的产品进口回本国。资本密集型产业、技术密集型产业和知识密集型产业在各经济体间的转移也是同样的原因。

从发展经济学角度观察,我们发现,经济发展的过程实质是经济结构尤其是产业结构不断调整和升级的过程。各经济体在经济发展过程中,一般要经历技术水平由低到高,主导产业由农业到轻纺工业,到重工业,再到信息技术产业,产业要素结构包括劳动密集型、资本密集型、技术密集型和知识密集型产业发展过程。经济全球化过程不代表世界各地区经济均衡发展,恰好与之相反,经济全球化的不平衡性,导致各个国家和地区存在着巨大的产业结构差异。得益于技术革命、具有先行优势的发达经济体的产业结构,将会首先在经济发展的带动下实现调整、升级和优化,发达经济体将会把国内不具有竞争优势的产业转向次发达国家和地区,次发达国家和地区进一步将自身的劣势产业转移到欠发达国家和地区。以此类推,产业转移不断发生在具有"产业极差"的经济体之间,全球产业分工格局不断演化。

此外，市场需求变化、市场规模和专业化分工发展等也是全球产业分工格局演变的重要动力因素。技术进步和经济发展必然会诱发需求的多样化和多层次性。人类在基本生活需求得到满足后，对通信设备、高端医疗产品等高技术密集型产业产品的市场需求会进一步被释放，需求结构调整将带来产业结构调整的压力和动力，产业结构将向满足"高端需求"方向发展，经济体间也将会发生产业转移，以释放资源匹配产业结构的变化。市场规模扩大和分工的专业化和精细化，会有助于降低搜寻成本和经营风险，促进生产效率的进一步提高，进而促进合理高效的产业分工的形成。

二、全球产业分工的主要模式

随着跨境产业转移的发展，全球产业分工呈现三种模式。即产业间分工、产业内分工和产品内分工。三种分工模式不是此消彼长的关系，而是在同一时间内，在全球不同空间内、不同产业和产品间的共存关系。随着分工模式的发展，全球产业链、供应链和价值链也在世界范围内不断延伸。

1. 全球产业间分工

这种全球分工模式的驱动力来自不同经济体间的要素禀赋差异和相对变化不同。由于要素密集度不同，产业或行业可以被定义为劳动密集型行业、资本密集型行业、技术密集型行业等，经济体间不同要素密集度行业之间的分工就是全球产业间分工。具体表现为，不同国家和地区依据自身比较优势的不同，选择适合自身条件和水平的产业和商品进行生产。例如，从19世纪70年代到第二次世界大战结束，这段时期由亚、非、拉等欠发达国家和地区提供生产原料、初级产品，欧美等发达经济体专门将初级产品加工生产成制成品。这一时期的国际贸易形式主要也是产业间贸易。

2. 全球产业内分工

这种全球产业分工模式是经济、技术发展水平相接近的经济体在同类产品生产的分工。由于第三次技术革命的快速发展和推动，从第二次世界大战到20世纪70年代，产业内分工成为全球产业分工的主要形式。突出表现为，要素禀赋相似、消费结构相近的工业国家之间进行差异化产品贸易，并在世界贸易量中占有绝对份额，贸易品以制造业行业内的制成品为主。具体可以分为两大类，第一类是产品水平分工，即差异性产品分工。同一产业内拥有相近技术水平的不同国家和地区的厂商生产的产品，但是在质量、规格、品种、品牌、价格等方面存在一定的差异。第二类是对于同一类或同一种产品，其生产过程发生在不同的经济体内。一部分经济体提供资源，另一部分经济体将生产资源加工成初级制成品，还有一部分经济体将初级制成品加工成最终产品，由此不同经济体间形成同一产品的垂直分工，彼此互为市场。

3. 全球产品内分工

这种全球产业分工模式是指在标准化大生产基础上，某一特定产品在不同生产工序或生产环节分布在多个国家和地区的分散化生产，由此产生了跨经济体、跨区域的生产链。进入21世纪后，产品内分工成为全球产业分工的主要形式。整合世界范围内资源的跨国公司成为全球产品内分工的推动者和最大获利者。产品分工模式的出现需要一定的条件，首先是产品的标准化和模块化生产。随着信息技术的快速发展，产品的标准化和模块化生产越来越成熟，制造过程更趋向流程化，一旦创新设计被应用于生产，那么产品模块化就可以被快速标准化，这为跨国产业内分工提供可能性。其次是运输成本有效降低。产品在不同国家和地区标准化生产后，需要跨国运输，只要包括运输成本在内的其他成本小于产品所有生产流程在一国之内的生产成本，产品内分工就可以实现。人类进入现代社会后，交通条件大为改善，运输成本所占比重越来越小。最后是先进的通信技术，特别是新一代通信、网络技术，使得研发、设计、封装、生产、营销等各个生产环节实现时间和空间的分离。

三、全球产业分工的历史演变

随着全球经济一体化的发展和深化，各经济体的产业结构发生了改变。发达经济体通过跨境直接投资将技术落后产业外移，推动产业结构调整优化，实现全球战略目标；发展中经济体则通过承接外移的产业，加快产业结构升级、对外贸易和经济转型发展。按照发达经济体和发展中经济体之间联系机制的变化特征来划分，全球产业分工格局经历了五个重要的历史演变阶段。

五个阶段的动态演化背后都伴随着一场技术革命，从蒸汽技术到电力技术再到 IT 技术，新的技术推动新的产业发展，从而使得旧技术带动的产业向经济发展和技术落后地区转移。每次全球产业分工格局的调整都以跨境产业转移为表现，深刻改变了全球产业结构的升级，重构了全球产业链、供应链和价值链，极大地影响了全球经济发展进程。

第一次全球产业分工调整开始于 18 世纪中期，以瓦特蒸汽机改良和其在棉纺织业中广泛应用为标志。经过工业革命的英国作为当时的世界第一强国和世界工厂，完成了由手工业向大机器工业的过渡。全球分裂为两大经济集团，一大集团是以英国为代表的广泛且深入进行了工业革命的工业大国，另一大集团是以农业和手工业为基础的农业国。全球产业转移由此出现，由工业国向农业国转移：英国等先进工业国将国内制造产业转移到欧洲大陆和北美。此次产业转移造就了美国的工业化大发展，美国成为第一次全球产业转移的最大受益者。到 19 世纪末 20 世纪初，国际经济关系、全球产业分工和产业转移演化为技术、资本密集型国家和劳动密集型国家之间的产业分工和商品交换。

第二次全球产业分工调整发生在 20 世纪 50 年代到 60 年代。第二次世界大战之后，美国确定了自身在全球经济和产业技术方面的领导者地位，并率先进行产业调整和升级，将主要精力放到发展汽车、化工等资本密集型产业和技术密集型产业上，将产业发展重点聚焦高科技产业的研究和开发，把高污染、高耗能的纺织、钢铁等劳动密集型产业转移到日本、联邦德国等经济体。此次产业转移给日本带来了技术溢出效应，极大促进了日本经济的发展，日本很快成为全球劳动密集型产业的主要供应者，欧洲地区也成为当时世界制造品出口最多的地区。

第三次全球产业分工调整发生在 20 世纪 70 年代到 80 年代。由于世界石油危机的影响，美国、日本、德国等国家受到制造业成本持续升高的影响较大，严重影响了制造业产品的出口，便纷纷进行产业结构调整和升级。由此日本、德国等经济体重点发展电子、汽车等高附加值的技术密集型产业，将轻纺、服装等附加值低的劳动密集型产业向"亚洲四小龙"和部分拉美国家转移。第二次全球石油危机过后，钢铁、化工、机电等资本密集型产业成为美国、日本和德国产业外移的主要产业，继续由"亚洲四小龙"承接。此次全球产业转移造就了"亚洲四小龙"的制造业竞争优势和经济腾飞，通过大力发展的出口导向型对外经济战略，"亚洲四小龙"经济步入现代化发展阶段。

第四次全球产业分工调整发生在20世纪80年代持续到21世纪前10年，主要表现在"亚洲四小龙"将劳动密集型产业、低附加值资本密集型和技术密集型产业转移到中国东南沿海地区和东盟地区。日本和"亚洲四小龙"的制造业发展具有先天的劣势，一是市场狭小，二是自身资源匮乏。随着制造业规模的扩大和生产能力的扩张，这些固有的劣势与追逐更高利润、环境保护需求产生了尖锐的矛盾，全球产业分工产生了重大变化。中国作为此次全球产业转移的最主要承接体，逐渐发展为超过美国、日本的世界制造业大国。美国、日本等发达经济体全力发展新能源、新材料等高新技术产业和知识密集型产业，"亚洲四小龙"承接了美国、日本等拥有技术优势的化工、微电子等产业。

第五次全球产业分工调整在进入21世纪第二个十年已经初见端倪。此次产业转移主要是以中国为首的各经济体将劳动密集型产业向东南亚等国转移。从全球产业转移的规律看，向越南等东南亚各国的部分产业转移是中国产业升级过程中必然会出现的现象，适宜的产业链外移，有助于中国产业升级和优化，也有助于扩大中国产业链的国际影响力。对于越南等东南亚国家而言，尽管近年来抓住了"人口红利"，实现了经济的较快发展，但是从长远看，东南亚国家普遍面临着交通基础设施陈旧、产业中高端人才匮乏、配套设施和服务不健全、市场规模有限等全方位的问题和挑战。即便是东南亚国家中经济表现较为亮眼的越南，也无法避免核心技术力量缺乏、劳动力素质不高的窘境，相比于中国制造，其生产品质仍有较大的差距和不足。

表1.2 全球产业分工演化五个阶段基本情况

	开始时间	背景	内容	分工格局
第一阶段	18世纪中期	蒸汽机技术出现和在棉纺织业中广泛应用	英国等先进工业国将制造业转移到欧洲大陆和美国	英国专注于金融业、资本和技术密集型产业发展；美国和欧洲部分国家承接英国的制造业进行发展；世界其余国家发展农业和手工业
第二阶段	20世纪50年代	美国替代英国成为全球经济和科技领跑者	美国将高污染、高耗能劳动密集型产业转移到日本、联邦德国等国家	美国聚焦资本密集型、技术密集型产业发展；日本和联邦德国承接美国产业外移，成为全球劳动密集型产业的主要供应者；其余经济体以农业生产为主
第三阶段	20世纪70年代	两次世界石油危机	日本、德国将劳动密集型、低附加值资本和技术密集型产业向"亚洲四小龙"和部分拉美国家转移	美国、日本等发达经济体发展高附加值的技术密集型产业；"亚洲四小龙"承接日本等外移的劳动密集型产业、低附加值的资本密集型和技术密集型产业
第四阶段	20世纪80年代	发达经济体要素禀赋结构发生变化	"亚洲四小龙"将劳动密集型产业转移到中国东南沿海地区和东盟地区	产品生产环节被进一步细分，美、日等国专注知识和技术密集型产业高附加值的研发、设计和营销环节，将低附加值的生产环节外移到"亚洲四小龙"；中国和东盟承接劳动密集型产业
第五阶段	21世纪初	中国深度参与全球产业链价值链	中国将部分劳动密集型产业转移到东南亚地区	中国产业结构升级和调整，融入全球产业分工的新发展格局中；越南、印度尼西亚等东南亚成为劳动密集型产业的主要承接者

资料来源：作者自行整理。

第二章 人民币国际化与全球产业分工：现有的认知

经济全球化、国际货币体系改革等为人民币国际化带来了机遇和挑战，随着人民币国际化进程的推进，其对全球产业分工也必然带来巨大的影响。为了更深入地分析人民币国际化和全球产业分工两者之间的关系，本章将对有关货币国际化、人民币国际化、全球产业分工、货币国际化与全球产业分工关系的现有文献进行综述，指出本文研究的创新和贡献，进一步指出本文研究的必要性和重要性，为后文分析人民币国际化、全球产业分工及两者关系打下良好基础。

第一节 关于货币国际化与人民币国际化

现有文献对货币国际化和人民币国际化的相关内容已经进行了较为全面的讨论。其中，针对货币国际化的文献主要集中于货币国际化的概念、决定因素、影响；有关人民币国际化的文献覆盖了人民币国际化的内涵、具备的条件、驱动力、模式和路径等方面。

一、有关货币国际化的认知和讨论

20世纪60年代以来，随着美国经济实力逐渐式微，美元霸权地位受到来自各方的质疑。同时，日元国际化、欧洲货币一体化进程不断推进，学者们围绕货币国际化问题进行了越来越多的讨论。

第二章　人民币国际化与全球产业分工：现有的认知

关于货币国际化的定义，学者们看法较为一致，主要从货币职能和货币使用地理范围两个视角定义了什么货币才是国际货币。首先，从货币职能视角：Cohen（1971）强调货币职能从国内扩展至国外时，国际货币便产生了；Tavlas（1997）[1]、Hartmann（2002）[2] 和 Chinn and Frankel（2005）[3] 认为，货币职能拓展为国际支付手段、国际记账单位、国际贮藏手段时，该货币便实现了国际化；日本财政部（1999）将日元国际化定义为：提高日元在国际货币制度中的作用，以及提高日元在经常交易、资本交易和外汇储备中的地位。货币国际化的功能划分实际上为理解人民币国际化提供了理论框架。其次，从货币使用的地理范围拓宽视角，Mundell（2003）[4]、Kenen（2009）[5] 认为，货币国际化是货币使用地理范围超过法定流通区域，被本国国民和非国民同时使用和持有。

从货币成为国际货币的条件看，学者们研究的视角不同，得到的货币国际化条件也不一致。第一个视角是从交易成本角度分析，认为能够有效降低贸易成本（包括交易成本、搜寻成本等）的货币符合国际交换媒介的条件（Swoboda，1969[6]；Karl and Allan，1972[7]；McKinnon，1969[8]；Krugman，1980[9]；Rey，2001[10]；等）。第二个视角是从贸易结算货币角度分析，学者们

---

[1]　TAVLAS G. The international use of the US dollar [J]. World economy, 1997, 20: 709-49.

[2]　HARTMANN P. The international role of euro [J]. Journal of policy modeling, 2002, 24: 315.

[3]　CHINN, JEFFREY FRANKEL. Will the Euro eventually surpass the Dollar as leading international reserve currency? [R]. NBER working paper, 2005, No. 11510.

[4]　MUNDELL R. Does Asia need a common currency [J]. Exchange rate regimes and macroeconomic stability, 2003: 61-75.

[5]　KENEN, PETER. Currency internationalization: an overview [C]. paper, Bok-BIS seminar on currency internationalization: lessons from the global financial crisis and prospects for the future in Asia and the Pacific, Seoul, March, 2009.

[6]　SWOBODA, MUNDELL R A. Monetary problems of the international economy [M]. University of Chicago Press, 1969.

[7]　KARL B, ALLAN M. A monetarist framework for aggregative analysis [C]. Proceedings of first konstanzer seminar on monetary theory and monetary policy supplement to credit and capital, 1972.

[8]　MCKINNON R. Portfolio balance and international payments adjustment in monetary problems of the international economy [M]. Chicago University Press, 1969.

[9]　KRUGMAN P. Vehicle currencies and the structure of international exchange [J]. Journal of money, 1980, 5: 513-526.

[10]　REY H. International trade and currency exchange [J]. Review of economic studies, 2001: 43-464.

认为，市场份额越大的经济体，其本币成为贸易结算货币的可能性越大（Tavlas，1990；Bacchetta，2002；Bacchetta and Van，2005；Fukuda and Ono，2006；等）；贸易产品差异越高，进口方对产品的价格弹性越低，出口方往往通过定价权的优势，让本币成为贸易结算货币（Lall，2000；Bacchetta and Wincoop，2002；等）；币值稳定货币（强势货币）往往在贸易中被选为结算货币（Krugman，1980[1]；Friberg，1997[2]；Devereux and Engel，2001[3]；等）。第三个视角是从经济、政治、历史等角度分析，通常认为，一国的经济发展总量、货币可兑换信心、通货膨胀率、真实利率水平、汇率变动及其波动幅度、强大政治权利、货币使用惯性等是影响货币国际化的决定因素（Bergsten，1975[4]；Dwyer Jr. and Lothian，2002；李稻葵、刘霖林，2008[5]；等）。

有关货币国际化的动因，学者们认为，货币国际化的收益超过成本，使得各国争先推动本币成为国际货币。一方面，货币国际化带来了诸多福利效应，比如，可以通过发行本国货币为国际收支赤字融资、金融部门收益增加、拥有铸币税收入、国际金融系统话语权、减少国际收支波动、降低汇率风险（Aliber，1964；Bergsten，1975；陈雨露、王芳、杨明，2005[6]；等）。另一方面，货币国际化成本体现在可能会导致大量资本流动、破坏货币当局控制基础货币能力和国内政策能力（Balbach and Resler，1980[7]；Tavals，1998[8]；

---

[1] KRUGMAN P. Vehicle currencies and the structure of international exchange [J]. Journal of money, 1980: 513-526.

[2] FRIBERG R. In which currency should exporters set their prices? [J]. Journal of international economics, 1998, 45: 59-76.

[3] DEVEREUX B, ENGEL, CHARLES. Monetary policy in the open economy revisited: price setting and exchange rate flexibility [R]. NBER working paper, National Bureau of economic research, 2000.

[4] Bergsten C. The dilemmas of the dollar: the economics and politics of United States international monetary policy [R]. Published for the Council on Foreign Relations by New York University Press, 1975.

[5] 李稻葵, 刘霖林. 人民币国际化：计量研究及政策分析 [J]. 金融研究, 2008 (6)：1-16.

[6] 陈雨露, 王芳, 杨明. 作为国家竞争战略的货币国际化 [J]. 经济研究, 2005 (2)：35-44.

[7] BALBACH B, RESLER H. Eurodollars and the U.S. money supply [R]. Federal Reserve Bank of St. Louis review, 1980, 62 (6)：2-12.

[8] TAVALS G. Internationalization of currencies: the case of the US dollar and its challenger euro [J]. The International Executive, 1998：581.

Betts and Devereux，2000[①]；等）。

二、有关人民币国际化的认知和讨论

改革开放以来，中国经济快速增长以及中国与全球经济一体化的程度加深，使得中国在世界经济中的影响力越来越大。尤其是，相对于其他国家货币发生贬值危机时，人民币币值维持较小波动，随着贸易规模不断扩大，人民币的使用走出了国门，中国已不再是国际金融活动的旁观者，人民币国际化问题受到世人的关注。对于人民币国际化的讨论主要集中在国内学者之间。在西方学者对货币国际化相关分析的基础上，国内学者分别对人民币国际化的内涵、具备的条件、驱动力、模式和路径进行探讨，得到了较为丰富的观点和结论。

学者们普遍认为，人民币国际化内涵应该从其承担的跨越国界的货币职能理解，即人民币国际化是指人民币能够跨越国界，成为国际普遍认可的计价、结算和储备货币的过程（人民币国际化研究课题组，2005[②]；林乐芬、王少楠，2015[③]；等）。

有关人民币国际化具备的条件，现有研究主要从有利和不利两个角度分析。一方面，有利于人民币国际化的条件包括中国经济实力和综合实力的增强、人民币汇率稳定、金融体制改革、金融市场国际化进程加快、人民币区域化进程开启、外汇储备管理调整（李晓、李俊久、丁一兵，2004[④]；何慧刚，2007[⑤]；陈雨露、张思成，2008[⑥]；王元龙，2009[⑦]；等）。另一方面，不

[①] BETTS, CAROLINE, DEVEREUX B. Exchange rate dynamics in a model of pricing-to-market [J]. Journal of international economics, 2000, 50: 215-244.
[②] 人民币国际化研究课题组. 人民币国际化的时机、途径及其策略 [J]. 中国金融, 2006 (5): 12-13.
[③] 林乐芬, 王少楠. 一带一路建设与人民币国际化 [J]. 世界经济与政治, 2015 (11): 72-90+158.
[④] 李晓, 李俊久, 丁一兵. 论人民币亚洲化 [J]. 世界经济, 2004 (2): 21-34+79.
[⑤] 何慧刚. 人民币国际化：模式选择与路径安排 [J]. 财经科学, 2007 (2): 37-42.
[⑥] 陈雨露, 张思成. 全球新型金融危机与中国外汇储备管理的战略调整 [J]. 国际金融研究, 2008 (11): 4-11.
[⑦] 王元龙. 关于人民币国际化的若干问题研究 [J]. 财贸经济, 2009 (7): 16-22+135.

利于人民币国际化的条件仍大量存在,包括中国宏观经济环境问题突出、资本项目尚未实现完全可兑换、人民币流通量增长不足、贸易企业计价能力低、境外人民币汇率波动大、中国政策制度和金融体系等结构性问题(王元龙,2009;李婧,2011[①];彭红枫、谭小玉,2017[②];等)。

关于人民币国际化的驱动力,学者们主要从宏观和微观两个视角分析,前者是从国家和经济发展的整体角度分析,后者是对人民币国际化的单一驱动力进行的实证分析。从整体宏观角度看,除了上文提到的货币国际化带来的益处,中国推动人民币国际化还有如下的考量:第一,人民币国际化是保障中国金融利益和金融稳定的可行方案(高海红、余永定,2010[③]等);第二,人民币国际化是维护中国政治经济利益的重要手段(张宇燕、张静春,2008[④]等)。在具体驱动力方面,因为研究视角的不同而得到了不同的结论。赵然(2012)[⑤]认为,在经济发展到一定程度后,汇率波动对货币国际化的影响减弱,金融市场的发展将会替代实体经济,成为人民币国际化的杠杆式推动力量。余道先、王云(2015)[⑥]认为,调整国际收支双顺差结构到合理水平是人民币国际化的重要动力。杨荣海、李亚波(2017)[⑦]通过分析得出,提升资本账户开放速度对人民币隐性锚货币地位有积极作用。王孝松、刘韬、胡永泰(2021)[⑧]认为,金融体系市场化是推动人民币成为国际货币的重要

[①] 李婧.从跨境贸易人民币结算看人民币国际化战略[J].世界经济研究,2011(2):13-19+87.
[②] 彭红枫,谭小玉.人民币国际化研究:程度测算与影响因素分析[J].经济研究,2017(2):125-139.
[③] 高海红,余永定.人民币国际化的含义与条件[J].国际经济评论,2010(1):46-64.
[④] 张宇燕,张静春.货币的性质与人民币的未来选择[J].当代亚太,2008(2):9-43.
[⑤] 赵然.汇率波动对货币国际化有显著影响吗?[J].国际金融研究,2012(11):55-64.
[⑥] 余道先,王云.人民币国际化进程的影响因素分析——基于国际收支视角[J].世界经济研究,2015(3):3-14+127.
[⑦] 杨荣海,李亚波.资本账户开放对人民币国际化"货币锚"地位的影响分析[J].经济研究,2017(1):134-148.
[⑧] 王孝松,刘韬,胡永泰.人民币国际使用的影响因素——基于全球视角的理论及经验研究[J].经济研究,2021(4):126-142.

力量。徐扬、汤柯、谢丹夏（2023）[①]指出，中美经济脱钩造成了各国货币与人民币的脱钩，从而地理位置不再是支撑人民币国际化的因素，对外贸易、对外直接投资和汇率制度是支撑人民币国际化的重要因素。

还有研究聚焦在人民币国际化的模式和路径。按照模式和路径选择的不同，现有研究观点可以划分为三类。第一类观点认为，人民币国际化模式和路径应该不同于现有的国际货币。何慧刚（2007）认为，货币国际化有"强经济—强制度""弱经济—强制度"两种模式，前者包括美元、日元、欧元国际化的模式，而人民币国际化应该选择后者，即通过制度安排弥补经济上未能达到国际货币要求的不足；同时应该遵循周边化、亚洲化、国际化的路径。第二类观点认为，人民币国际化应该遵循现有货币国际化的模式。李建军、田光宁（2003）[②]认为，人民币国际化实际已经遵循了日元模式，因为这种模式最符合中国国情。第三类观点认为，人民币国际化应该兼容多种模式和路径。孙健、魏修华、唐爱朋（2005）[③]认为，人民币国际化有两种兼容路径选择，一是在大陆和港澳台按照欧元模式进行，二是在亚洲范围内按照日元模式进行。

第二节　关于全球产业分工的驱动因素和影响

对全球产业分工的认知和讨论起源于对人类经济社会发展出现各种跨国要素流动现象的总结。关于全球产业分工驱动因素的相关研究，可以分为传统市场因素相关理论的解释，和以数字技术为代表的新信息技术等新市场力量对全球产业分工演变的推动。关于全球产业分工的影响，现有文献主要是从全球价值链（GVC）角度分析。

---

① 徐扬，汤柯，谢丹夏．人民币国际化及其影响因素：基于汇率联动视角 [J]．国际金融研究，2023（3）：61-73．
② 李建军，田光宁．三大货币国际化的路径比较与启示 [J]．上海金融，2003（9）：34-35．
③ 孙健，魏修华，唐爱朋．人民币国际化战略的路径选择 [J]．亚太经济，2005（2）：69-71．

一、有关全球产业分工驱动因素的认知和讨论

关于决定全球产业分工格局、影响全球产业分工的因素，学者们考察的视角和得到的观点并不相同。这些观点主要是在全球产业分工格局出现变化后进行的解释，总结起来可以归纳为两个方面，分别是传统市场力量和市场新力量。

1. 影响全球产业分工格局演变的传统市场力量主要解释了产业间分工和产业内分工格局形成的原因，具体包括成本的差异性、要素禀赋差异、技术差异、产品生命周期等，这些力量推动了全球产业分工格局的出现，并由产业间分工向产业内分工演变。

首先，绝对优势和相对优势理论从成本差异角度分析了全球产业分工形成的原因。17世纪下半叶亚当·斯密在《国民财富的性质和原因的研究》中提出了绝对优势理论，他认为，如果一个国家或地区在某一个产业上具有生产成本的绝对优势，那么在自由贸易的前提下，这个国家或地区就应该从事该产业的生产，并将该产业的产品出口到其他不具有该产业绝对优势的国家和地区，同时从其他国家和地区进口自身不具有绝对优势的产业产品。该理论为解释产业间分工和产业间贸易形成的原因奠定了基础，和现实情况不完全相符。到18世纪初，李嘉图在亚当·斯密绝对优势理论的基础上，在《政治经济学及赋税原理》一书中提出了比较优势理论。他提出，全球产业分工并非来自生产中的绝对差异，而是一个国家或地区选择生产和出口自身具有相对优势的产品，进口具有相对劣势的产品。比较优势可以来自要素禀赋，也可以来自后天的学习和创新所形成的相对优势。随着社会和经济的发展，后天学习创新带来的比较优势在全球产业分工格局发展中占有主导地位。比较优势理论最大的贡献是为自由贸易提供了理论基础。

其次，要素禀赋理论也对全球产业分工的传统力量进行了分析。到20世纪初，瑞典经济学家俄林在赫克歇尔研究基础上，撰写《地区间贸易与国际贸易》一书并提出要素密集度的概念，他认为，生产要素相对丰富程度决定了全球产业分工。生产产品需要劳动力、资本、土地等不同的生产要素，一

个国家或地区应该出口自身供给相对充裕的生产要素所生产的产品，进口相对稀缺的生产要素所生产的产品，并且随着国际贸易进行，各国和地区间要素价格趋于一致。但是里昂惕夫对要素禀赋理论提出了质疑，他认为，现实中全球产业分工结构和要素资源禀赋结构不符合，并提出了"里昂惕夫悖论"。以美国为例子，按照要素禀赋理论，他指出，美国资本要素禀赋相对更丰富，但是现实中美国进口产品的资本密集度比出口产品的资本密集度还要高30%左右，这就是著名的"里昂惕夫之谜"。理论界从各个角度对"里昂惕夫之谜"进行解释，推动了全球产业分工理论的发展。

最后，技术差距理论、生命周期理论以及产业内分工理论进一步对全球产业分工演变进行了解释。20世纪60年代初，美国学者波斯纳提出技术差距理论，他认为，技术是一种生产要素，各个经济体间的技术发展水平不一样，发达经济体在技术领域的领先使得其自身具有比较优势，从而进行技术密集型产品的生产并出口。当这种技术优势被其他经济体模仿和超越后，该技术密集型产业的全球产业分工就发生了变化。20世纪60年代末，生命周期理论在经济学领域被广泛应用，以弗农为代表的学者们形成了产品生命周期理论。弗农在《产品周期中的国际投资与国际贸易》一书中提出，产品要经历开发、引进、成长、成熟和衰退等阶段，这个周期在不同国家和地区间发生的时间和过程是不一样的，其中的时间差反映了技术的差距，决定了不同经济体的竞争地位不同，从而决定了全球产业分工的不同。该理论将全球产业分工的比较优势动态化。产业内贸易理论对产业内分工进行了深入的讨论。加拿大经济学家格鲁贝尔和澳大利亚学者劳埃德在20世纪70年代中期出版了《产业内贸易：差别化产品国际贸易的理论与度量》，从产品差异化和规模经济角度分析了同质产品和异质产品在不同国家和地区间进行产业内贸易的原因。此后的新张伯伦模型、兰卡斯特模型、布兰德模型、克鲁格曼模型等都对产业内贸易理论进行了丰富和发展。这些模型内解释的产业内贸易的原因，实质上就是对全球产业分工中产业内分工推动力量的解释，因为国际贸易的发展是以全球产业分工为基础的。

2. 新一代信息技术的发展是影响全球产业分工格局演变最主要的新市场

力量。刘洪愧、赵文霞、邓曲恒（2022）[①]从理论角度解释了数字化技术和其催生的数字贸易使得空间交易成本、管理和组织成本降低，显著降低了信息不完全和不对称的程度，各个国家和地区比较优势面临重构，从而有效推动全球产业分工和利益分配格局的变化。世界贸易组织（WTO）在2018年的《世界贸易报告》和《全球化的转型：未来的贸易和价值链》、麦肯锡全球研究院（MGI）在2019年的报告《全球化的转型：未来的贸易和价值链》中都讨论了数字技术带来的全球产业分工的成本的改变，从而影响全球价值链分布和结构的改变。

在信息技术影响全球产业分工的方向上，学者们的意见并不一致。一部分文献认为，新技术的出现对全球产业分工产生了正向影响，促进了更多经济体参与全球产业分工，使其深化发展。这些促进作用体现在新技术降低了企业的市场搜寻成本，提高了贸易效率（Jullien，2012[②]等），降低了企业出口的固定成本（Choi，2010[③]；Lendle，2015[④]；施炳展，2016[⑤]；等），通过提高生产效率、降低出口门槛和提升交易匹配效率显著提高了各个国家和地区的企业参与全球产业链的积极性（岳云嵩、李兵，2018[⑥]；Lanz and lundquist，et al.，2018[⑦]；等），使得发展中经济体参与服务外包更容易（Agrawal and lacetera，et al.，2016[⑧]；等）。

[①] 刘洪愧，赵文霞，邓曲恒. 数字贸易背景下全球产业链变革的理论分析［J］.云南社会科学，2022（4）：111-121.

[②] JULLIEN B. Two-sides B to B platforms［R］.In the Oxford handbook of the digital economy，edited by Matin Peitz and Joel Waldfogel，New York：Oxford University Press，2012：161.

[③] CHOI C. The effect of the internet on service trade［J］.Economics letters，2010：102-104.

[④] LENDLE A，VEZINA P. Internet technology and the extensive margin of trade：evidence from eBay in emerging economics［J］.Reviews of development economics，2015，2：375-386.

[⑤] 施炳展. 互联网与国际贸易——基于双边双向网址链接数据的经验分析［J］.经济研究，2016（5）：172-187.

[⑥] 岳云嵩，李兵. 电子商务平台应用与中国制造业企业出口绩效——基于阿里巴巴大数据的经验分析［J］.中国工业经济，2018（8）：97-115.

[⑦] LANZ R，LUNDQUIST K，et al. E-commerce and developing country-SME participation in global value chains［R］.WTO staff working paper，2018.

[⑧] AGRAWAL A，LACETERA N，LYONS E. Does standardized information in online markets disproportionately benefit job applicants from less developed countries?［J］.Journal of international economics，2016，103：1-12.

另一部分学者则认为，新技术力量发展会阻碍全球产业分工的深化发展，甚至会发生发展的倒退。这些负面影响体现在：拥有技术优势的国家和地区的企业具有信息优势，从而可以将自身锁定在产业链和价值链的高端地位，形成垄断势力，对全球产业分工发展不利（World Bank，2020[①] 等）；科技的发展提高了服务贸易的地位，并对货物贸易形成了替代，引发了生产活动回流到发达经济体内部，缩短和抑制了产业链和价值链发展，不利于全球产业分工深化（WTO，2019[②]；麦肯锡全球研究院，2019[③]；等）；数字技术的应用对全球产业分工的地理分布、各个国家和地区参与全球产业分工的程度都产生了影响，让生产终端更靠近消费者，全球产业分工呈现区域化特征（Laplume and Petersen, et al.，2016[④] 等），同时还会引发各经济体比较优势的改变，技术比较优势被进一步强化而劳动力比较优势被弱化，对发展中经济体和全球产业分工带来负向影响，可能会逆转全球产业分工演变（Rodrik，2018[⑤] 等）。

二、有关全球产业分工产生的影响的认知和讨论

全球产业分工演变最主要的产物就是全球价值链（GVC），并由此带来了学术界对来自各个国家和地区的企业在参与全球产业分工过程中地位问题的讨论。

有关全球价值链的研究最早产生于20世纪80年代。美国经济学家迈克尔·波特关注到一个经济体产业内部企业间价值链分工的现象，最早基于此

---

① World Bank. World development report 2020: trading for development in the age of global value chains [R]. World Bank Publications, 2020.

② World Trade Organization. World Trade Report 2018: the future of the world trade-how digital technologies are transforming global commerce [R]. 2019.

③ McKinsey Global Institute. Globalization in transition: the future of trade and value chains [R]. 2019.

④ LAPLUME A, PETERSEN B, PEARCE J. Global value chains from 3D printing perspective [J]. Journal of international business studies, 2016, 5: 595-609.

⑤ RODRIK D. New technologies, global value chains, and developing economics [C]. National Bureau of economic research working paper, 2018.

提出了价值链理论。但是波特只关注到国家内部的价值链分工。当一国产品价值链环节扩展到其他国家和地区时就形成了全球价值链。Gereffi（1994）提出"全球商品价值链"（GVC）概念，认为全球商品价值链是企业跨国经营、生产和全球贸易一体化的结果[①]。Gereffi 在 1999 年进一步提出了全球商品价值的分析框架，建立了生产者驱动和消费者驱动两种分析视角。Kaplinsky（2002）提出产业链的概念，认为各个国家和地区的企业在产品各价值链环节的分工，是基于各自比较优势的发挥[②]。联合国工业组织（2002）在前述研究成果的基础上，对全球价值链概念进行了界定，提出全球价值链是一种全球性企业网络，在其中各国和地区的企业通过连接生产、销售和回收处理等过程实现了产品和服务价值，这一过程涉及原材料搜集和运输，半成品的生产、储存及运输，商品的运输和销售等，最后实现最终消费和回收。从上述的定义可以看出，全球价值链本身就是全球产业分工的一种结果，为了和原有的全球产业分工形式保持表达的一致性，价值链后面会缀上"分工"二字，从而形成"全球价值链分工"的表述。

　　全球价值链分工对处于价值链上端的发达经济体的影响，和对价值链下端的欠发达经济体的影响存在差异。从分工利益的静态角度即贸易角度考虑，全球价值链各环节中附加值的产生存在较大的差异，从而从事该环节的各企业获得的分工利益也差异较大（迈克尔·波特，1992；施振荣，1992；章江益、张二震，2003[③]；朱廷珺，2006；等），这种利益差异来源于各企业具备的技术水平差异、价值链分工中的地位不同，从而全球价值链分工的利益获

[①] GEREFFI G. The organization of buyer-driven global commodity chains: how U. S. retailers shape overseas production networks [R]. In: Gereffi, G. and Korzeniewicz, M. （eds.）, commodity chains and global capitalism. , CT: Praeger Publishers, 1994: 5–122.

[②] RAPHAEL KAPLINSKY, MIKE MORRIS. A handbook for value chain research [R]. IDRC, 2002.

[③] 章江益，张二震. 贸易投资一体化条件下贸易利益分配问题新探 [J]. 世界经济研究，2003（2）：48–51.

取呈现不公平性（Kaplinsky，2000[①]；Kaplinsky，2001[②]；Gluliani and et al.，2005；李晓钟，2007；等）。

从技术进步的角度看，部分学者认为，欠发达经济体可以从全球产业价值链分工中学习较为先进的技术、获得创新（Romer，1990；Grossman and Helpman，1991[③]；Keller，2001；Morrison，2001；等），也可能进入高附加值生产环节（Fonseca，2002；Stamm，2004；等），并且这些观点得到了实证的支撑（Coe and et all.，1997；Arndt，2004；李平，2006；王洪庆，2006[④]；等）。但也有学者对此持质疑态度，他们认为发展中国家取得技术进步只是统计假象，技术没有发生实质性的改变（Lall，2000；Srholec，2007[⑤]；Amiti，2007[⑥]；等）。

从参与国产业升级方面，承认技术进步会给欠发达经济体带来溢出效应的学者认为，全球产业分工技术溢出效应会对发展中国家的产业发展和升级产生促进作用，通过利用外资获得的技术转移和技术外溢，发展中国家不仅产业结构得到优化，还可表现出产业内技术水平高级化和产业附加值提升化（Jay Barney，1996；王洛林、汪小娟，2001；Jackie Cukrowski，2003；Yener Kandogan，2003；Amighini，2005；张明志、李敏，2011[⑦]；等）。对全球产业分工技术效应持有消极和悲观态度的学者则认为，发展中国家可以较好地对低级工艺和产品升级，但是高级的功能和产业链较难升级（Gereffi，1999；

[①] KAPLINSKY R. Globalization and upgrading: what can and cannot be learnt from international trade statistics in the wood furniture sector [R], mimeo, CENTRIM, University of Brighton and Institute of Development Studies, University of Sussex, Brighton, 2000.

[②] KAPLINSKY R. Is globalization all it is cracked up to be [J]. Review of international political economy, 2001, 8: 45-65.

[③] GROSSMAN G, HELPMAN E. Integration versus outsourcing in industry equilibrium [J]. The quarterly journal of economics, 2002, 117: 85-120.

[④] 王洪庆. 我国加工贸易的技术溢出效应研究 [J]. 世界经济研究, 2006 (7): 35-39.

[⑤] SRHOLEC M. High tech exports from development countries: a symptom of technology spurts or statistical illusion? [J]. Review of world economics, 2007, 143 (2): 227-255.

[⑥] AMITI M, FREUND C. An anatomy of China's trade growth [C]. Presented for the Trade Conference, IMF, 2007.

[⑦] 张明志，李敏. 国际垂直专业化分工下的中国制造业产业升级及实证分析 [J]. 国际贸易问题, 2011 (1): 118-128..

Kaplinsky and Morris, 2001; Humphrey and Schmitz, 2000[①]; 等），因为在实现价值链升级时会受到发达国家的阻碍，出现高端产业被俘获的现象（Cramer, 1999；Bazan L., 2001[②]；Wan-wen Chu, 2003；刘志彪, 2008；文东伟、冼国明、马静, 2009[③]；等）。

第三节 货币国际化与全球产业分工关系

货币国际化和全球产业分工都属于超越单一经济体的跨国经济现象范畴，对两者关系的认识和讨论经历了"无意识"分析、"有意识"讨论和专注人民币国际化与国际分工关系论述的过程。"无意识"分析主要是指论述全球产业分工和国际贸易的逻辑，与分析国际贸易必然带来货币作为跨国支付手段需求的逻辑，两者之间存在内在一致性；"有意识"讨论是指从国际贸易和对外投资的视角分析全球产业分工和货币国际化之间的互动关系；随着人民币走上国际舞台，国内学者从全球产业分工层面论述人民币国际化相关问题。通过三个阶段的认识和讨论，学者们主要在如下几个方面达成共识。

首先，国际产业分工和国际贸易衍生了货币跨国流动及国际货币的需求。主权货币能进入其他主权国家的政治疆域内流通，打破"一个国家，一种货币"围栏的原动力即全球产业分工及带来的国际贸易。亚当·斯密在《国富论》[④]中从生产效率和财富变化的角度论述了全球产业分工和国际贸易，没有直接涉及两者带来的结果——主权货币的互相交换和支付，但是从逻辑上看，

---

① HUMPHREY J, SCHMITZ H. Governance and upgrading: linking industrial cluster and global value chains research [R]. IDS working paper, No. 12, Institute of Development Studies University of Sussex, 2000.

② BAZAN L, et al. The underground revolution in the Sinos Valley: A comparison of upgrading in the global and national value chain [C]. Paper for Workshop local upgrading in global chains, held at the Institute of Development Studies, University of Sussex, 2002.

③ 文东伟, 冼国明, 马静. FDI、产业结构变迁与中国的出口竞争力 [J]. 管理世界, 2009 (4): 96-107.

④ 亚当·斯密. 国民财富的性质和原因的研究 [M]. 郭大力, 王亚楠, 译. 北京: 商务印书馆, 1983.

全球产业分工产生国际贸易，国际贸易必然引发货币的跨国支付需求。从全球产业分工角度看，由于其他国家对本国产品具有需求，进而对本国货币产生需求，这种需求的积累和扩大提升了该国货币在国际金融市场的地位，使其成为国际货币。亚当·斯密"无意识"分析启发性地揭示了全球产业分工对货币国际化的决定作用，但是这种经验性的总结无法对全球产业分工和货币国际化之间的关系进行较为精准的解释。此后的研究在斯密解释逻辑的基础上，建立了具有高度内生性特征的一般均衡模型，证明了在足够长时间的生产过程中，足够高程度的专业化水平和全球产业分工是货币出现的必要而非充分条件，反过来，货币的出现对全球产业分工和生产力水平提高具有促进作用（Borland and Yang，1992[①]；杨小凯，2003[②]；等）。

其次，国际产业分工格局和全球产业链地位决定了货币国际化的成效。货币走出国门主要通过国际贸易和对外投资两种方式，从而国际货币承担结算货币、支付货币和储备货币等职能。从国际贸易视角看，英镑、美元、日元、欧元等货币国际化的历史经验表明，当一种货币被广泛应用于国际贸易的计价和结算时，该货币也会被逐渐接受和应用于国际金融领域，最终成为各国的官方储备货币。针对贸易结算货币选择，瑞士经济学家 Grassman 提出了 Grassman 法则，即在发达经济体间的工业制成品贸易中，用于贸易结算的首选货币是出口国货币，其次是进口国货币，极少使用第三方货币。这一法则对 20 世纪六七十年代发达国家贸易结算货币选择现象作出了较好的解释。随着全球化发展，发展中国家融入全球产业分工中，发达国家和发展中国家贸易大多使用发达国家的货币。更进一步地，学者们比较了不同国际货币的效果，发现在国际分工中具有强势地位、经济发展具有工业竞争力而非资本竞争力的国家，其主权货币国际化的成效更好（徐奇渊、李婧，2008[③]；赵珂，2013[④]；等）。从国际投资视角看，对外投资可以输出本币，投资方处于

[①] BORLAND J，YANG X K. Specialization，product development，evolution of the institution of the firm，and economic growth [J]. Journal of evolutionary economics，1995，5（1）：19-42.
[②] 杨小凯. 经济学——新兴古典与新古典框架 [M]. 北京：社会科学文献出版社，2003.
[③] 徐奇渊，李婧. 国际分工体系视角的货币国际化 [J]. 世界经济，2008（2）.
[④] 赵柯. 工业竞争力、资本账户开放与货币国际化 [J]. 世界经济与政治，2013（12）.

优势地位且有能力要求以本币进行计价和结算，克服了对外贸易中输出本币的渠道性缺陷，增加了本币在国际市场的流动量，促进本币国际化发展。此外，对外投资还可以通过促进对外贸易的发展、本币离岸市场的发展、提升本国全球产业分工地位等途径间接促进本币国际化。

最后，国际货币职能促进其他经济体对该国分工体系的进一步依赖。货币国际化并不只是单向接受全球产业分工格局的影响，通过交易媒介等职能的实现，可以巩固和强化本国的全球产业分工地位，从而形成良性循环（徐奇渊、李婧，2008；南开大学产业经济课题组，2013[①]；等）。具体而言，国际贸易尤其是经常项目提供的本币的流动性，对于货币国际化具有重要的意义，体现在经常项目如进口提供了本币的流动性和实现了铸币收入，并且在私人部门贸易活动中实现了国际货币的交易媒介职能。交易媒介职能是国际货币其他职能实现的基础，如果一种国际货币具备较强的交易媒介职能并能够向其他职能扩展，这不仅可以强化其在国际金融市场中的地位，还能将本国的实体经济市场交易网络扩展到国际范围，提升本国的全球产业分工地位。

[①] 南开大学产业经济课题组. 新国际产业转移、新国际货币体系与中国发展转型 [J]. 当代经济研究, 2013 (3).

第三章 人民币国际化进程中的全球产业分工格局演变

第一节 人民币国际化的概念

对于人民币国际化概念和衡量的讨论，是基于前文对货币国际化相关概念的分析。人民币国际化是一个动态过程，是人民币承担世界货币职能的具体体现。从衡量结果看，目前人民币国际化仍处于初级阶段，和主要国际货币美元、欧元、英镑和日元相比，仍有着较大的差距。

一、人民币国际化的概念

分析人民币国际化的定义、内涵和表现的依据是货币国际化过程中的职能体现。国际货币是主权货币的价值尺度、交易媒介和储藏手段在超过国界的更大地理范围的延伸。所以本文认为，人民币国际化可以定义为：人民币作为独立的主权货币在世界范围内发挥贸易和金融计价的功能、贸易和金融的结算功能、成为各经济体主要官方储备的过程。

人民币国际化是一个动态的过程，实现人民币国际化即意味着全球金融市场中人民币私人使用的需求和数量的增加，境外官方和私人的人民币储蓄增长，跨境贸易和投资中以人民币计价和结算占有一定的比重，从而货币替代效应出现。人民币国际化也意味着中国金融制度更加完善、金融市场的自由化程度更高，汇率和利率等金融资产的价格变动更加灵活、货币的可兑换性更强、资本管制程度更低、中国货币政策的影响范围更广。

表3.1 人民币国际化的功能和特征

功能	表现
价值尺度	贸易和投资人民币计价
交易媒介	贸易和投资人民币结算
国际储备	官方储备人民币化

资料来源：作者自行整理。

二、人民币国际化的衡量

一般而言，用货币国际化指数（Currency Globalization Index，CGI）衡量货币国际化程度。对于衡量人民币国际化程度的人民币国际化指数（RMB Internationalization Index，RII），不同研究者从不同视角构建了衡量指标体系。比较权威的衡量体系有两类。一类是中国央行即中国人民银行构建的指标体系，体系中的四个一级指标反映了国际货币的四大职能，即支付货币、投资货币、融资货币和储备货币。二级指标包括9个，分别是全球支付货币份额、国际银行业对外负债、外汇交易市场份额、外汇即期交易使用份额、利率衍生品市场份额、全球贸易融资货币份额、国际银行业对外债权、国际债券发行比例、全球外汇储备币种构成。具体内容见表3.2。

另一类是中国人民大学国际货币研究所构建的衡量人民币国际化指数的三级指标衡量方法。该方法选取两大类指标作为一级指标，分别是国际计价和支付功能、国际储备功能；二级指标贸易和金融反映了国际计价和支付功能，其下面的三级指标包括世界贸易总额中人民币结算比重、全球对外信贷总额中人民币信贷比重、全球国际债券和票据发行额中人民币债券和票据比重、全球国际债券和票据余额中人民币债券和票据比重、全球直接投资人民币直接投资比重。官方外汇储备反映了一级指标国际储备功能，作为其下面的二级指标，具体的三级指标为全球外汇储备中人民币储备比重。具体内容见表3.3。在此基础上，国内众多学者尝试对前两种方法进行修正完善，试图改进采用的方法包括主成分分析法、因子分析法等，这些衡量手段为较为准确地衡量人民币国际化水平提供了支撑。

表3.2 中国人民银行货币国际化衡量指标体系

一级指标	二级指标	数据来源
支付货币	全球支付货币份额	全球银行金融电信协会（SWIFT）
投资货币	国际银行业对外负债	国际清算银行（BIS）、国家外汇管理局
	外汇交易市场份额	国际清算银行（BIS）
	外汇即期交易使用份额	环球银行金融电信协会（SWIFT）
	利率衍生品市场份额	国际清算银行（BIS）
融资货币	全球贸易融资货币份额	环球银行金融电信协会（SWIFT）
	国际银行业对外债权	国际清算银行（BIS）、国家外汇管理局
	国际债券发行比例	国际清算银行（BIS）
储备货币	全球外汇储备币种构成	国际货币基金组织（IMF）

资料来源：中国人民银行，《2022年人民币国际化报告》。

表3.3 中国人民币大学国际货币研究所构建的指标体系

一级指标	二级指标	三级指标
国际计价和支付功能	贸易	世界贸易总额中人民币结算比重
	金融	全球对外信贷总额中人民币信贷比重
		全球国际债券和票据发行额中人民币债券和票据比重
		全球国际债券和票据余额中人民币债券和票据比重
		全球直接投资人民币直接投资比重
国际储备功能	官方外汇储备	全球外汇储备中人民币储备比重

资料来源：中国人民大学国际货币研究所，《人民币国际化报告（2019）》。

从衡量结果看，相较于英镑、美元、欧元、日元等主要货币的国际化指数，人民币国际化指数总体呈上升趋势，但是和美元等国际化指数相比有较大的差距。根据中国人民大学国际货币研究所的测算，2009年底人民币国际化指数仅为0.02，到2018年该指数到了2.95。虽然中国人民银行和中国人民大学国际货币研究所的衡量方法不尽相同，但是两种方法得到的结论几乎一致。根据中国人民银行的测算，2021年底人民币国际化指数接近3，和中国人民大学国际货币所测算的2.98差异不大，两种方法计算得出的美元国际化指数都达到50以上，日元国际化程度最低，指数也都在5左右。人民币国际化程度和主要国际货币国际化程度相比，差距不可谓不大，并且美元在国际货币体系中占有绝对地位，短期内无法撼动。本文的重点不在于衡量人民币国际化的程度，故本部分不再对现有指标体系进行创新及重新计算人民币国际化指数，此处以现有的指数情况说明人民币国际化的程度。

第二节　人民币国际化的进程

2008年以来，国际经济和政治环境日益复杂，地缘政治冲突加剧，贸易单边主义和保护主义抬头，尤其是新冠疫情的冲击使得全球经济陷入发展的阴霾中，人民币国际化面临着机遇和挑战。人民币国际化已经走过了十余年的摸索时期，取得了一定的进展。回顾和总结人民币国际化的历程，分析人民币国际化的发展现状和特征，有助于我们厘清人民币国际化的发展动力和影响，从而为更有效地提升人民币跨境持有和使用水平提供依据。

从2009年人民币正式登上历史舞台至今，人民币国际化可以分为三个阶段：需求拉动阶段、政策推动阶段和内生化发展阶段。

一、2009—2015年：人民币国际化的需求拉动阶段

2009年上半年，中国与马来西亚、白俄罗斯、印度尼西亚和阿根廷等国签署了总规模达4700亿元人民币的本币互换协议，以官方使用的形式为人民币走入境外打下了基础。以2009年7月中央六部委联合发布的《跨境贸易人民币结算试点管理办法》为标志，人民币国际化正式开启，境外地区持有和使用人民币的需求得到有效释放。

2009年7月，人民币跨境收付信息管理系统（RCPMIS）上线，第一笔跨境贸易人民币结算业务在上海办理。根据人民币跨境收付信息管理系统（RCPMIS）的数据，2009年跨境人民币收付总额仅为35.8亿元，到2015年

末，跨境人民币收付总额达到12.1万亿元，6年间增长了3000多倍，年均增长率达到700%。其中，以跨境贸易人民币结算为主。2015年跨境贸易人民币结算额为7.23万亿元，占跨境人民币收付总额比重达到60%，占中国对外贸易总额近三成，将全球贸易结算的人民币份额由2014年的3%提高到2015年的3.38%。

得益于2011年中国人民银行发布的《外商直接投资人民币结算业务管理办法》，人民币在国际金融计价和结算中的使用范围扩大。2015年底人民币对外直接投资额达到7362亿元，较2014年增长295%。受到人民币汇率中间价形成机制改革的影响，人民币结算的对外直接投资规模及占比呈现倒V形，尤其是2015年9月达到了人民币国际化以来的峰值。同时受此影响的还有外商直接投资的人民币结算情况，2015年以人民币结算的外商直接投资为7251亿元，9月近3500亿元外商直接投资人民币结算规模为历史峰值。

在国际债券和票据市场上，2009年中国财政部首次在香港发行了共计60亿元人民币国债。根据国际清算银行统计，2015年人民币国际债券和票据规模为294亿美元，占比上升至0.6%，和主要国际货币占比差距较大，美元占比近44%，主要国际货币中占比最少的日元也有2%，是人民币的3倍多。香港作为离岸人民币最主要的市场，是全球唯一提供人民币实时支付结算的离岸人民币中心，是人民币业务基础设施最完善、离岸人民币资金池最大的市场。

在外资投资中国金融市场方面，2012年以中国香港为试点建立了人民币合格境外机构投资者（RQFII）机制，在合格境外机构投资者（QFII）基础上，拓宽了境外机构投资人民币市场的渠道。非居民投资股票和债券市场的热情上升，投资规模扩大。2015年QFII总数达到295家，RQFII总数达到186家。其中，银行间债券市场准入的QFII有40家，RQFII有131家。

这一阶段的主要特征有：与中国签署本币互换的国家和地区数目和金额快速增加；人民币跨境结算的业务种类、境外地区、试点范围和数量不断扩展；人民币对外实现了净输出且规模逐年增长；跨境贸易人民币结算需求得到有效释放；香港成为辅助人民币国际化的重要人民币离岸中心。

二、2016—2019 年：人民币国际化的政策推动阶段

美联储退出量化宽松政策、进入加息周期和中国汇率市场化改革相叠加，使得从 2016 年开始人民币出现了较大幅度的贬值，跨境贸易人民币结算也相应出现了波动和调整。2016 年底，跨境人民币收付总额达近 10 万亿元，较上一年有所减少，与 2014 年基本持平。其中，跨境货物贸易人民币收付额 5.2 万亿元，较 2015 年呈现较大缩减，对外直接人民币收付 1 万亿元，外商直接投资人民币收付 1.4 万亿元。

尽管人民币汇率出现波动，跨境人民币收付也随之出现调整，但是没有对人民币国际化进程产生较大负面影响。2016 年 10 月，人民币正式被国际货币基金组织（IMF）纳入特别提款权（SDR）货币篮子。根据环球银行金融电信协会（SWIFT）统计，2016 年底人民币全球支付市场占有率为 1.68%，成为全球第六大支付货币。同时，这一时期中国持续深化金融改革开放，推进金融基础设施互联互通的双向开放，中国对人民币国际化的政策支撑思路也越发清晰。具体表现在：（1）金融基础设施的互联互通机制进一步完善。2016 年 11 月，中国人民银行和证券监督管理委员会联合发布《关于内地与香港股票市场交易互联互通机制有关问题的通知》，同年 12 月正式启动深港通。这是继 2014 年沪港通机制启动以来，中国建立的又一内地股票市场与香港市场互联互通的机制。2019 年 6 月沪伦通正式启动。（2）继续深化直接入市双向开放，进一步解除人民币跨境使用的政策障碍。在境外投资者对境内投资方面，人民币合格境外机构投资者（RQFII）额度管理优化、允许央行类和其他境外机构投资者投资银行间债券市场（CIBM）、允许境外央行类机构进入银行间外汇市场、允许境外机构在境内发行人民币债券。在境内投资者对境外投资方面，允许人民币合格境内投资机构投资者（RQDII）和人民币海外基金设立。上述政策放宽，满足了境内外投资者对人民币金融资产的需求，优化了跨境人民币业务结构，人民币资本项目成为人民币跨境使用的新动力。

由此人民币国际货币功能进一步丰富，由支付货币、投融资货币演进到储备货币功能，人民币继续保持在全球货币体系中的稳定地位。2019 年底，

人民币在国际货币基金组织（IMF）成员国持有的储备资产币种构成排名中位列第五，市场规模达到2176.7亿美元，占标明币种构成外汇储备总额的1.95%；在主要国际支付货币中排第五名，市场份额为1.76%；在全球外汇交易中的份额为4.3%，较2016年提高了0.3个百分点。人民币跨境收支创历史新高，达到19.67万亿人民币，净流入3606亿元。上海、北京、深圳三地的人民币跨境收付量位列中国前三，占比分别是50.1%、14.3%和8.6%。在离岸市场方面，香港地区人民币跨境收付金额占比45%，之后是新加坡（10.3%）、德国（3.4%）、中国台湾地区（3.3%）。从地区看，共建"一带一路"国家办理人民币跨境收付额最多，占比13.9%。同时中国已经与21个共建"一带一路"国家签署了本币互换协议，与8个国家建立了人民币清算机制。

特别是在深港通等基础设施互联互通机制、直接入市双向开放政策推动下，2019年资本项目人民币跨境收付额为13.62万亿元，其中证券投资人民币收付占比达到70%，同比增加49%，直接投资和跨境融资人民币收付分别为20%和7%。证券直接投资业务成为推动人民币跨境使用的新动力。

这一阶段的主要特征是，人民币国际化再上新台阶，汇率制度改革促使短期跨境套利投资交易自动退出，坚实了人民币国际化的基础；人民币支付货币功能不断增强，投融资货币功能深化，储备货币功能逐渐显现；继人民币结算推动跨境贸易后，证券投资业务成为推动人民币跨境使用的新动力；人民币跨境使用的支撑政策不断优化，人民币国际化的基础设施建设进一步完善；双边货币合作不断深入，人民币境外使用的障碍不断被消除。

三、2020年至今：人民币国际化的内生化发展阶段

2019年末新冠疫情开始冲击中国乃至全球经济发展，人民币国际化面临着严峻的内外部环境。中国积极构建以国内大循环为主体、国内国际双循环相互促进的新发展格局，更加稳健、有序地进行金融开放，人民币国际化相关政策越发注重激发市场活力、服务和满足市场需求，以便更好地发挥人民币跨境业务服务实体经济、促进贸易便利化的作用。随着人民币汇率弹性增

加、双向波动成为常态，推动人民币国际化的动力是市场力量和政策支撑的协调统一，共同服务于经济高质量发展的新格局。由此人民币国际化进入内生性发展阶段。

进入内生性发展阶段后，人民币国际化业务发展呈现了新的特征。

第一个特征是大宗商品的人民币计价结算实现突破。2020年6月，低硫燃料油期货在上海期货交易所国际能源交易中心上市，拉开了大宗商品人民币计价结算的序幕。同年11月，国际铜期货也在上海期货交易所上市，12月棕榈油期货正式引入境外交易者，境外交易者投资境内特定品种期货，可以使用包括人民币在内的币种作为保证金。截至2020年末，境外参与者累计汇入保证金超过711亿元，累计汇出780亿元，其中人民币占比分别为73.3%和84.3%。同时，大宗商品的人民币收付也较快发展。2020年，大宗商品跨境贸易人民币收付额达到2526亿元，同比增长16.4%。但必须承认的是，大宗商品人民币跨境收付总体上仍处于较低水平。

第二个特征是证券投资人民币业务实现较大发展，动力十足推进人民币国际化进程。2020年，跨境人民币收付总额为28.4亿元，较政策推动发展阶段中的2019年同比增长了44%，且净流出额达到1857亿元，改变了2019年前人民币净流入的局面。其中，货物贸易人民币跨境收付4.78万亿元，规模仅次于2014年和2015年的高点；资本项目人民币跨境收付额为21.6万亿元，同比增长58%，资本项目中的证券投资人民币收付额为16.5万亿元，同比增长73.6%，占当年跨境人民币总收付比重超过58%，替代跨境货物贸易人民币业务，成为推动人民币跨境业务的第一大动力。

第三个特征是东盟国家和共建"一带一路"国家更偏向于使用人民币进行跨境业务。中国和东盟经济关系密切，中国是多数东盟国家的最大贸易伙伴和投资来源国，东盟自2020年成为中国第一大贸易伙伴。由此推动了中国与东盟间金融合作框架的建立，人民币使用环境优化、基础设施逐步完善，CIPS在东盟十国实现全覆盖。在上述有利条件的推动下，2020年，中国与东盟人民币跨境收付总额为4.15万亿元，是人民币跨境收付额第二大地区。其中，货物贸易人民币收付7459亿元，同比增长20%，直接投资人民币收付

4250亿元，同比增长71%。

同样因为密切的经贸关系，2020年，中国与共建"一带一路"国家的人民币跨境收付额为4.53万亿元，占当年人民币跨境收付总额的16%，同比增长66%，位列人民币跨境收付的首位。其中，货物贸易收付8700亿元，同比增加19%，直接投资收付4341亿元，同比增加72%。2020年5月，中国与老挝签署了60亿元人民币规模的本币互换协议，截至2020年，中国与22个共建"一带一路"国家签署了双边货币互换协议。

第四个特征表现为人民币跨境支付系统（CIPS）高效、稳定和低成本运行，是人民币国际化稳步进行的重要保障。自2015年上线运行以来，CIPS网络覆盖面持续扩大，业务量逐步上升。2020年，新增直接参与者9家，其中4家为境外人民币清算行，新增间接参与者147家。截至2020年底，直接参与者42家，间接参与者1050家，共计1092家机构介入CIPS系统，CIPS业务可以触及全球171个国家和地区的超过3000家银行机构，其中来自共建"一带一路"国家的金融机构占1/3左右。

第三节 人民币国际化的现状

2021年以来，在市场驱动、企业自主选择的基础上，中国稳慎推进人民币国际化。人民币国际化各项指标向好，支付货币功能、计价货币功能、投融资货币功能、储备货币功能不断提升。

总体来看，2021年跨境人民币收付总额达到36.61万亿元，同比增长29%，总金额创历史新高。根据SWIFT数据，人民币在全球支付中的比重提高到2.7%，超过日元并成为全球第四大支付货币，2022年初这一比重增加了0.5个百分点，上升到3.2%。根据IMF数据，2022年第一季度，人民币在全球外汇储备中的比重达2.88%，排名第五，在IMF特别提款权中的比重上调至12.28%。这些数据反映出人民币在全球的接受度和认可度都在提高。

一、人民币跨境贸易计价结算职能保持平稳

人民币跨境贸易收付结构持续优化，货物贸易仍是人民币国际化的主要支撑力量之一。2021年，经常项目下跨境人民币收付金额达到7.95万亿元，同比增长17%，占跨境人民币总收付的21.7%，占中国跨境贸易本外币收付的17.3%。2021年，人民币跨境贸易收支大体平衡，净支出7235亿元。其中，货物贸易人民币跨境收付金额为5.77万亿元，同比增长21%，占同期中国货物贸易本外币收付总额的16.6%，同比增加1.9个百分点；服务贸易人民币跨境收支1.1万亿元，同比增长17.8%，占同期中国服务贸易本外币收付的25.1%，同比增长0.8个百分点；收益项下人民币跨境收支1万亿元，同比增长0.35%，占同期中国该项目本外币收付的51.8%，较去年同期下降3个百分点。

2021年，大宗商品跨境贸易人民币计价结算呈现较快幅度增长。原油、铁矿石、铜、大豆等大宗商品跨境贸易人民币结算额4054.7亿元，同比增长42.8%，锂、钴、稀土等新能源金属大宗商品跨境贸易人民币结算额1005.6亿元，同比增长27.7%。

二、人民币资本金融交易职能进一步巩固

2021年，金融资本项目人民币跨境收付达到28.66万亿元，同比增长33%，占人民币跨境收付比重为78%，2021年，金融资本项目人民币收入大于支出，净流入1.13万亿元。其中，直接投资、证券投资、跨境融资收付金额分别占资本项目人民币收付的20%、74%和5.6%，收付金额分别是5.8万亿元、21.24万亿元、1.61万亿元，同比增长分别是52.3%、28.7%、23.9%。

近两年，中国以服务构建新发展格局、促进贸易投资便利化为导向，持续完善基础性制度，激发市场主体使用人民币跨境结算的积极性。截至2021年底，中国境内共设立跨境人民币资金池3173个。2021年，跨境人民币资金池收支共3.81万亿元，同比增长50%，其中支出1.86万亿元、收入1.95万亿元。

在债券市场方面，截至 2021 年末，共有超过 1000 家境外机构投资银行间债券市场，其中直接入市 507 家，通过债券通入市 728 家，兼具两种渠道入市的 219 家。2021 年，全年债券投资流入 8.11 万亿元，流出 7.42 万亿元，净流入 6876 亿元。其中，直接入市净流入 4318 亿元、债券通渠道净流入 2559 亿元。此外，截至 2021 年底，"熊猫债"累计发行规模超过 5400 亿元，发行主体覆盖政府类机构、国际开发机构、金融机构和非金融企业。2021 年，银行间债券市场和交易所市场发行熊猫债 72 只，规模合计 1065 亿元。

在股票市场方面，2021 年"沪深港通"业务人民币跨境收付 1.93 万亿元，同比增长 13.5%，其中沪股通和港股通合计净流入 4098 亿元，净流出 4095 亿元；合格境外机构投资者（QFII）和人民币合格境外机构投资者（RQFII）人民币流入 1.59 万亿元，流出 1.59 万亿元，收支基本持平。

在衍生品市场上，中国已上市的七种特定品种交易期货稳定发展。截至 2021 年末，境外参与者累计汇入 1245 亿元，累计汇出 1253 亿元，较上一年增长分别为 75% 和 60%。

三、人民币国际储备职能不断强化

截至 2021 年底，全球已有超过 75 个国家和地区的货币当局将人民币纳入官方外汇储备中，全球官方外汇储备中人民币资产累计共 3361 亿美元，同比增长 25%，占全球外汇储备的比重达 2.79%。根据 IMF 数据，2022 年第一季度，人民币在全球外汇储备中的比重达 2.88%，排名第五。2022 年 5 月，人民币在 IMF 特别提款权中的比重上调至 12.28%。这些数据反映出人民币在全球的接受度和认可度都在提高。

四、人民币跨境支付系统逐渐完善

2021 年，人民币跨境收付信息管理二代系统（RCPMIS 二代）正式启动，相比于第一代系统，第二代系统具有更开放的系统架构、更灵活的字段结构、更高效的直联采集和更灵活的统计检测的特点。这为跨境流动资金宏观审慎管理提供了更有力的支撑。截至 2021 年底，接入人民币跨境支付系统（CIPS）

的境外机构共 1259 家，其中直接参与的境外机构 75 家，同比增长 78.5%，间接参与的境外机构 1184 家，同比增长 12.8%，直接和间接参与机构数较 2015 年第一代系统上线初期分别增加了近 3 倍和 6 倍。在处理跨境人民币业务方面，2021 年底，累计处理 334.16 万笔，金额 3184 亿元。

五、中央银行间的合作日渐成熟

中国与其他国家和地区的央行间的合作体现在三个方面，分别是双边本币结算、双边本币互换、境外清算机制安排。

首先是双边本币结算。在双边贸易中，运用双方自身货币进行结算，不需要第三方货币（通常是美元）过渡，体现了贸易双方彼此信任，减少了对美元的需求，也为本币特别是人民币结算提供流动性支持。截至 2022 年 4 月，中国与 29 个贸易伙伴签署人民币清算安排合作备忘录，达成双边本币直接结算，包括亚洲的 14 个经济体、欧洲的 7 个经济体、非洲的 4 个经济体和美洲的 4 个经济体。

其次是双边本币互换。截至 2022 年 4 月，中国已与 41 个国家和地区签署了双边本币互换协议，签署和续签的互换总额超过 12 万亿元人民币（见表 3.4）。2022 年，中国人民银行与香港金管局签署了常备互换协议，金额为 8000 亿元人民币，将双方自 2009 年 1 月建立的货币互换安排升级为长期互换安排，为香港离岸人民币市场提供了长期的流动性支持。

最后是跨境清算机制。人民币跨境结算主要通过清算行和代理行两种模式，截至 2022 年底，中国已经与全球 29 个国家和地区授权了 31 家境外人民币清算行。这些境外人民币清算行覆盖了全球主要的国际金融中心，可以参与人民币业务的清算和结算。

表 3.4　各经济体与中国进行双边本币互换的情况

国家或地区	时间	性质	规模（亿元人民币）
中国香港	2009.1	首签	2000
	2011.11	续签	2000
	2014.11	续签	4000
	2017.11	续签	4000
	2020.11	修订	增加1000
	2022.7	长期	8000
马来西亚	2009.2	首签	800
	2012.2	续签	800
	2015.4	续签	1800
	2018.8	续签	1800
	2021.7	续签	1800
白俄罗斯	2009.3	首签	200
	2015.5	续签	70
	2018.5	续签	70
印度尼西亚	2009.3	首签	1000
	2013.10	续签	1000
	2018.11	续签	2000
	2022.1	续签	2500
阿根廷	2009.4	首签	700
	2014.7	续签	700
	2017.7	续签	700
	2020.8	续签	700+600
韩国	2009.4	首签	1800
	2011.10	续签	1800
	2014.10	续签	1600
	2017.10	续签	3600
	2020.10	续签	4000

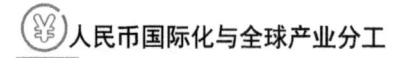

续表

国家或地区	时间	性质	规模（亿元人民币）
冰岛	2010.6	首签	35
	2013.9	续签	35
	2016.12	续签	35
	2020.10	续签	35
新加坡	2010.7	首签	1500
	2013.3	续签	3000
	2016.3	续签	3000
	2019.5	续签	3000
新西兰	2011.4	首签	250
	2014.4	续签	250
	2017.5	续签	250
	2020.8	续签	250
乌兹别克斯坦	2011.4	首签	7
蒙古国	2011.5	首签	50
	2012.3	补充	增加50
	2014.8	续签	150
	2017.7	续签	150
	2020.7	续签	150
哈萨克斯坦	2011.6	首签	70
	2014.12	续签	70
	2018.5	续签	70
泰国	2011.12	首签	700
	2014.12	续签	700
	2017.12	续签	700
	2020.12	续签	700

续表

国家或地区	时间	性质	规模（亿元人民币）
巴基斯坦	2011.12	首签	100
	2014.12	续签	100
	2018.5	续签	200
	2020.7	修订	增加100
	2021.7	续签	300
阿联酋	2012.1	首签	350
	2015.12	续签	350
土耳其	2012.2	首签	100
	2015.9	续签	120
	2019.5	续签	120
	2021.6	修订	增加230
澳大利亚	2012.3	首签	2000
	2015.3	续签	2000
	2018.3	续签	2000
	2021.7	续签	2000
乌克兰	2012.6	首签	150
	2015.5	续签	150
	2018.12	续签	150
巴西	2013.3	首签	1900
英国	2013.6	首签	2000
	2015.10	续签	3500
	2018.10	续签	3500
	2021.11	续签	3500
匈牙利	2013.7	首签	100
	2016.9	续签	100
阿尔巴尼亚	2013.9	首签	20
	2018.4	续签	20

续表

国家或地区	时间	性质	规模（亿元人民币）
欧元区	2013.10	首签	3500
	2016.9	续签	3500
	2019.10	续签	3500
斯里兰卡	2014.9	首签	100
	2021.3	续签	100
俄罗斯	2014.10	首签	1500
	2017.11	续签	1500
	2020.11	续签	1500
卡塔尔	2014.11	首签	350
	2017.11	续签	350
	2021.1	续签	350
加拿大	2014.11	首签	2000
	2017.11	续签	2000
	2021.1	续签	2000
苏里南共和国	2015.3	首签	10
	2019.2	续签	10
亚美尼亚共和国	2015.3	首签	10
南非共和国	2015.4	续签	300
	2021.9	续签	300
	2018.4	续签	300
智利	2015.5	首签	220
	2018.5	续签	220
	2020.7	修订	增加280
	2021.8	续签	500
塔吉克斯坦	2015.9	首签	30
摩洛哥	2016.5	首签	100
塞尔维亚	2016.6	首签	15

续表

国家或地区	时间	性质	规模（亿元人民币）
埃及	2016.11	首签	180
	2020.2	续签	180
瑞士	2017.7	首签	1500
尼日利亚	2018.4	首签	150
	2021.6	续签	150
日本	2018.10	首签	2000
	2021.10	续签	2000
中国澳门	2019.12	首签	300
匈牙利	2019.12	续签	200
	2020.9	补充	400
老挝	2020.5	首签	60

资料来源：根据中国人民银行公布的相关资料整理，截至2022年7月

第四节 人民币国际化进程中全球产业分工的特征

在产业间分工、产业内分工、产品内分工模式不断演变的条件下，全球产业分工日渐深化。在不断拓展和深化的过程中，全球产业分工呈现出一些规律，特别是随着人民币国际化进程推进，全球产业分工呈现出新特点。

一、由基于比较优势的分工向基于竞争优势的分工转变

以自然资源和地理优势为基础的国际比较优势的差异是全球产业分工的最初动力，并且这一动力推动了产业间分工的发展，极大地促进了全球生产力的提高，丰富了最终产品的种类，扩大了全球产品的数量和规模。但是，随着科技的快速发展，以技术和产品差别为特征的国际竞争优势的出现，替代基于自然条件的比较优势，成为全球产业分工的新动力。这一动力改变了全球产业分工的模式，由产业内分工演变为产业间分工和产品间分工。产品

内分工也因为技术进步和标准化、模块化生产程序可在全球内推广，成为当前世界范围内最为盛行的全球产业分工模式。

二、全球产业分工呈现"中心—外围"格局

西方发达经济体掌握着全球顶尖科技，居于全球产业分工的中心地位，具有一定工业基础或具有劳动力优势的国家，处于全球产业分工的外围地位。发达经济体通过跨国投资和产业链整合，将产业链中的低价值创造、低技术含量和低资本投入的生产部分转移到"外围"发展中经济体，由后者提供全球产能、资源和产品输出。这一分工结构能够稳定存在，离不开国际货币的重要支撑功能。美国、日本、欧盟等国家和地区利用手里的国际货币，购买发展经济体提供的产品和服务，资金流入到发展中经济体内形成外汇，既完成了货币走出国门行使国际货币的职能，购买发展中国家的产品和资源，而发展中国家的外汇又以购买美元、日元、欧元债券的渠道流回到发达经济体内。

三、全球产业分工"服务和制造并重"的新分工形态凸显

经济理论表明，当经济发展到一定阶段后，一个国家和地区的产业结构会发生改变，最终实现以服务业为主的产业结构形态。随着世界主要发达经济体进入到后工业化时代，全球产业结构也发生了巨大变化。根据世界银行的统计数据，1995年全球三类产业的比重分别是6.4%、32.8%和60.8%，到2015年进一步演化为2.3%、26.4%和71.3%，到2020年第三产业比重达到73%。总体来看，第三产业在全球经济总量中的占比呈现攀升态势，是全球产业分工的重要内容。第二产业在世界经济总量中的占比基本稳定，主要原因是随着数字经济、信息时代的到来，以信息技术为核心的先进制造业广泛发展，信息技术的应用改造了传统制造业，也催生了新产业，继续成为全球产业结构调整的关键内容。我们可以认为，在技术变革的推动下，全球服务业迅速发展，并和制造业呈现并重与融合趋势，服务和制造业并重的全球产业分工格局初见端倪。

四、发达经济体主导的全球产业分工格局向多极化发展

从本质上讲，全球产业分工格局是由跨国公司的核心竞争力所决定的，跨国公司也是全球产业分工深化的主导力量。全球化运作的跨国公司将生产深入到价值链增值的各个环节和连接点上，跨国公司的分支机构分布的国别属性不再重要，重要的是分支机构在全球产业链、价值链、供给链上的位置。全球价值链分为研发环节、生产环节和营销环节，跨国公司通过在各个国家和地区的投资和价值链分工安排影响全球产业分工的格局和趋势。根据联合国贸易和发展组织公布的数据，跨国公司投资塑造了全球贸易80%的全球价值链模式。随着新兴市场和发展中经济体参与全球产业分工程度加深，来自这些地区的研发投入和有竞争力的跨国公司的出现，未来全球产业分工将出现多极化的发展趋势。发展中经济体通过工业化加速后的产业结构升级，主动参与全球产业分工，将有助于改变以往发展中国家和地区被动接受发达国家产业转移的现状，由过去的单方面依赖关系转向一种全新的多方面合作关系，发展中经济体在全球产业分工中的地位也会得到提升。

五、中国在全球产业分工格局中由"外围"向"中心"发展

自改革开放以来，中国积极参与全球产业分工，特别是2001年加入WTO后，中国在全球产业链、供应链、价值链中的融入广度和深度前所未有，并借助全球化发展实现了自身的跨越式发展，在2010年超越日本成为全球第二大经济体、第一制造业大国、第二大进出口贸易国。

中国是全球产业分工格局形成过程中的重要力量。值得注意的是，虽然中国是世界最大的发展中国家，但由于积极构建和完善以技术创新为引领的自主创新体系，形成了独特的产品和技术竞争优势，在全球价值链、产业链和供应链中的地位逐年提升，逐渐由提供低技术含量、低产品附加值、低资本投入的外围国家，向具有科技优势的中心地位国家转变。以5G通信领域为例，据估计，到2025年，以5G为动力的工业互联网可能创造超过20万亿美

元的新经济机会①。中国超越美国处于技术领先和市场领先地位，华为成为除北美以外所有大陆的领先供应商，占据了全球基础设施市场的近四成份额。中国转变成为全球产业分工格局中的中心地位国家，其重要支撑就是人民币走出国门，走向世界舞台。

第五节　重点行业和产业全球分工的布局现状

一、制造业的全球化布局与竞争态势

总体来看，全球制造业处于持续低位徘徊阶段。根据2021年JP摩根、美国供应管理学会和国际采购与供应管理联盟等机构的数据，世界制造业采购经理人指数（PMI）近年来环比回落，在全球经济形势增长缓慢的情形下，全球制造业发展也进入缓慢增长阶段。从全球范围看，亚洲和非洲主要国家制造业走势相对稳定，制造业PMI均在50%以上，成为稳定全球制造业运行的重要力量。欧洲和美洲的制造业PMI均继续运行在50%以下，制造业持续走弱，导致全球制造业波动下行。制造业全球分工布局呈现如下特征和竞争态势。

（一）全球制造业产业链向区域化方向发展

全球产业分工格局的演变，伴随着制造业"三大中心"出现、制造业产业链和供应链联系越发紧密，由此形成了以美国为中心的北美供应链、以德国为中心的欧洲供应链和以中国、日本、韩国为中心的亚洲供应链。三大全球制造业中心各具特色和优势。

第一，以美国为核心的北美制造业中心，覆盖和辐射加拿大、墨西哥，形成了横跨钢铁、航空、石油、计算机、汽车和芯片等行业的制造业区域集群。其中，美国2021年制造业增加值2.5万亿美元，占其GDP的比重为10.7%，占全球制造业增加值的比重为15.3%，位居世界第二。美国自加拿

---

① 数据来源于：美国司法部长巴尔在美国智库战略与国际问题研究中心（CSIS）参与"中国行动计划会议"主题演讲．

大和墨西哥的货物进口额占全球进口总额的1/4左右，对加拿大和墨西哥货物出口额占全球出口总额的1/3左右。

第二，以德国为核心的欧洲制造业中心，覆盖法国、英国等老牌发达国家，是工业革命的发源地，制造业历史底蕴深厚，拥有数量众多的中小企业，是欧洲制造业创新的主要参与者。2021年，欧盟制造业增加值在全球占比15.6%，和美国规模实力不相上下，其中德国制造业增加值占全球制造业增加值的比重为4.7%，位居全球第四；英国和法国制造业增加值占全球比例分别为1.7%和1.5%。

第三，以中、日、韩为中心的亚洲制造业中心，覆盖东南亚、南亚等国家，凭借人口红利、快速发展的消费市场和旺盛的经济活力，形成全球最完整的产业链，并正在向中高端制造业领域发展，对美国和欧洲等国家的部分制造业形成了竞争优势。其中，中国自2001年加入世界贸易组织后，制造业增加值占全球比重逐年增加，先后超过德国、日本和美国，成为全球第一制造业大国。2021年，中国制造业增加值为31.4万亿元，占全球的比重达到29.8%，较2010年增加11.6个百分点；日本和韩国制造业增加值占全球的比重分别为5.9%和2.8%；东南亚地区的越南积极承接全球制造业产业转移，实现快速发展，但是占全球的比重仍较低，这一数值为0.3%；南亚地区的印度制造业增加值占全球的比重为2.7%。

从全球制造业分工看，制造业产业链和供应链形成了高度依赖、难以分割的格局。主要表现在，一是全球制成品贸易六成以上集中于亚洲和欧洲。2021年，东亚和太平洋地区、欧洲和中亚地区、北美地区制成品出口占全球制成品出口比重分别为26.9%、39.5%和11.8%，前两者占比总和虽然较2010年有所下降，但占比仍超过60%。二是全球制造业中间品贸易增长强劲。中间品贸易是制造业全球产业链供应链稳定性的关键指标之一，根据麦肯锡的研究报告，2021年，全球制造业中间品贸易额占全球贸易总额的比重超过2/3，较1993年的1/3比重有大幅增加。

（二）国际经贸规则重构引致制造业产业链本土化

随着中国跃居世界第二大经济体和全球第一制造业大国，制造业产业竞争力不断增强,对美国制造业造成了冲击和竞争压力。美国为了促进本国制造业发展,维护其自身在世界范围内的霸权地位,在对外贸易、高科技、金融、制造业等产业领域对中国发起了挑战,积极构建"去中国化"产业链和供应链,推动全球制造业产业链供应链重构。2018年开始,美国陆续发布多项行政法令和政策文本,对其在制造业、国防工业等重点领域的产业链供应链安全、对外依赖度等进行了全面评估。特别是新冠疫情冲击下,美国积极拉动日本、澳大利亚、韩国、印度等在制造业产业链和供应链方面进行合作。2022年,"印太经济框架"启动,建立了供应链的预警系统,增强在原材料、半导体、关键矿物和清洁能源技术等关键领域的可控性和可追溯性,共同推进制造业生产领域的多元化和本土化布局。从本质上看,所谓的"多元化"实际就是"有限全球化",避免在制造业产业各环节过度依赖特定国家和地区。由于当代经济社会环境下,经济、贸易、科技等问题很难和包括国家安全等在内的政治问题完全分离,且彼此间的紧密程度呈现加深趋势,所以美国尝试通过推动与"可以依赖国家"进行贸易的方法,重塑自由贸易价值观,并冲击着已形成的全球产业分工。

一方面,美国、欧盟、日本等发达经济体力图重振本国制造业,鼓励本国制造业企业回流。新冠疫情下,供应链安全性和稳定性受到前所未有的重视,发达国家考虑到应急安全、基本保障、社会稳定、经济发展等因素,促进本国制造业企业加大对本国的投资。美国在《2021年战略竞争法案》中,提出2022年到2027年每个财政年度拨款1500万美元支持供应链迁出中国;日本2020年拨款2200亿日元支持在中国的日本企业回流本土或转移至其他国家,特别是提出要集中投资半导体等战略物资,重建日本生产体系,鼓励企业分散化、本地化生产。这些措施一定程度上改变了制造业全球产业布局,加速本土化发展。

另一方面,以越南、印度为代表的亚洲国家,凭借低成本劳动力优势、开放的市场环境、优越的地理位置和优惠的招商政策等,大力吸引外资投资,积极承接国际产业转移。越南是近年来吸引跨国企业投资的主要目的地,依靠15岁到64岁人口占比高达七成、平均时薪不足3美元的低成本充足劳动力优势，从 2012 年到 2022 年 10 年间，利用外资从 54.6 亿美元增至 181 亿美元。印度推出一系列政策，旨在推动印度成为全球制造业中心，对 2019 年 10 月到 2023 年 3 月间新成立并运营的制造业企业的关税由 25% 下调到 15%，进一步吸引外商投资。2021 年，印度前十大车企有 8 家是外资企业，前五大手机厂商均为外资企业，其中中国企业的市场占有率为 67%。

（三）跨国企业战略调整推动制造业多元化布局

跨国企业是全球产业链供应链的主要组织者和参与者，通过跨国投资主导了全球产业分工格局。跨国企业的全球投资目标是以较低的成本和较高的效率实现利润最大化。疫情的冲击、贸易保护主义的抬头、地缘政治冲突加剧、全球产业链供应链风险增加、母国政治因素影响，跨国公司过去以成本为基础进行规划供应链布局规划的情况正在发生变化。

短期看，跨国企业的全球布局不会出现大范围、大规模的变化，但是总体呈现收缩态势。根据联合国贸易和发展会议（UNCTAD）数据，全球制造业吸收外国直接投资规模波动下降，从 2018 年的 7752 亿美元下降到 2021 年的 5354.8 亿美元，降幅超过 30%，占全球制造业吸收 FDI 比重也从 2018 年的 48.5% 高位下降到 2021 年的 38.6%，预计未来会进一步下降。主要原因在于，受疫情影响，跨国企业的获利水平大幅下降，世界经济增长长期低迷，悲观情绪蔓延，跨国企业大多处于观望状态，跨国投资活动减少，同时，由于资金链的承压，跨国企业总部更注重现金流动性和盈利能力，部分不明朗的海外业务被加速剥离。

长期看，跨国企业出于安全和效率的考虑，会主动调整全球制造业产业链供应链布局，分散供应链风险，对成本和效率实施更加严格的管控措施，达到两者的平衡。跨国企业组织方式由此发生显著的改变，一方面，依托全球自由贸易体系、全球产业分工的全球供应链将发生改变。另一方面，母公司总部将会迎合所在国政府的诉求，主动或被动进行产业链供应链调整，实现产业回流。

（四）新一轮技术革命加速制造业数字化转型

大数据、物联网、人工智能等对产业链和供应链各环节进行渗透，或从根本上改变原有的研发、制造、贸易方式等。科技革命对制造业产业链供应链的影响显著，一方面推动产业链供应链环节更少，更加网络化和智能化；另一方面推动制造业由大批量、标准化、模块化的生产，转变为以互联网为支撑的智能化大规模定制生产。更值得关注的是，新一轮科技革命可能会固化全球制造业分工格局。根据国际机器人联合会数据，2021年，全球机器人销售量达到48.68万台，同比增长27%，亚洲和大洋洲增幅最大，均超过33%，共计35.45万台。在具体产业领域方面，电子行业（13.2万台）、汽车制造（10.9万台）行业工业机器人需求最多，其次是金属和机械行业（5.7万台）、塑料和化学行业（2.25万台）、食品和饮料行业（1.53万台）。各个国家和企业都希望通过工业机器人获得更高的效率、更低的生产成本和更快的生产速度。

发达国家在科技和数字经济领域具有明显的先行优势，基于工业机器人对人类生产替换而产生的高效率，过去产业向动力成本低的地区转移的规律可能会发生改变。同时，数据成为重要的生产要素，导致发达经济体和发展中经济体间的要素禀赋发生根本性变化，这不仅影响跨国企业的投资决策，还进一步影响产业链供应链布局向发达经济体或具有数字技术优势的发展中国家倾斜，而这种变化可能是不可逆的。

二、服务业的全球化布局与竞争态势

全球已经进入服务经济时代。随着科技的进步和经济全球化的迅猛发展，2021年，服务业生产总值占全球总产值的比重超过60%，服务业已经渗透到各个行业和产品中，给世界经济带来了深刻的变革。当前，服务业创造了2/3的全球经济总量，吸收了2/3的外商直接投资，由于服务产业涵盖了最多的中小企业，可以为发展中国家提供近2/3的就业岗位，为发达国家提供4/5的就业机会。近年来，在疫情影响下，全球服务业开放方面表现出诸多的新态势和新特点。

（一）全球服务业开放水平不断提升

相较于制造业，服务业全球开放受到新冠疫情影响较小，经合组织

(OECD) 创新性地设计出服务贸易限制指数 (STRI)，涵盖了全球 48 个国家 (38 个 OECD 国家和 10 个发展中国家) 的 22 个重点服务行业，并赋分计算得到取值范围为 0 到 1 的小数，用以衡量一国服务业开放水平的客观指标，数值越小表示服务业开放水平越高。

从现实中 STRI 结果看，近五年全球服务业开放性水平逐步提高，从 2016 年的 0.272 下降到 2021 年的 0.269。在新冠疫情冲击下，虽然部分国家提高了特定服务行业的限制，但是 2020 年全球服务业 STRI 平均值仅下降到 0.270，这表明服务业开放不足的国家即使在疫情下，也是积极推动服务业开放力度，且这一趋势明显。

从行业角度看，近五年，服务业 22 个行业中 12 个行业的开放性水平在提升，特别是物流行业中邮政快递业的 STRI 平均值降幅最大，达到 6.2%，反映出全球化背景下各国解除运输限制、推动贸易畅通的效果较好。同时，随着数字经济时代文化服务的可贸易性加强，近五年全球录音、影视行业的 STRI 平均值降幅分别达到 2.3% 和 1.1%。

(二) 数字技术是服务贸易高速增长的新动力

自 20 世纪 70 年代以来，服务贸易在世界贸易中的份额已经增长一倍有余。因为具有资源消耗低、环境污染小、建业容量大、附加价值高等特点，服务贸易日益成为各国参与全球产业分工的重要领域和推动自身发展的重要力量。尽管新冠疫情大流行导致旅游业和旅行服务收益大幅下滑，但激发了大量数字服务贸易井喷，服务贸易没有改变快速增长的大趋势。根据 WTO 的统计，从 2012 年到 2021 年 10 年间，全球跨境服务贸易额占全球贸易总额比重已经从 19.5% 提升至 24.5%。经合组织研究显示，如果不用传统国际收支作为贸易统计方式，而是改用更加科学、更加精准的贸易增加值的方式来计算，农产品和工业制成品在世界贸易中所占的份额则大大缩水，分别只占 15% 和 36%，服务在世界贸易的增加值从 1980 年的 30% 增长到如今的 49%。

近年来，与国际贸易和跨境电商相关的数字服务贸易，包括跨境支付和金融服务，物流、仓储、数字营销、信息服务等都在蓬勃发展，跨境供应链的服务也是其中的重要内容。人工智能、物联网、3D 打印和区块链等技术正在改变着商品和服务的生产、交易、交付和消费方式。数字服务贸易的发展不仅支撑了货物贸易和跨境电商的快速发展，自身也成为服务贸易进出口的新动能和重要组成部分。

（三）制造业呈现服务化的趋势明显

根据经合组织统计，全球工业制成品出口中除了进出口服务外，嵌入的服务增加值可以占到整个产品总价值的25%~40%。分行业而言，化学制品和汽车等服务业增加值比重近40%，焦炭、石油行业中服务业占比超过25%，其余行业的服务业增加值占比几乎都在30%以上。在不同国家和不同行业，最终商品增加值中的服务增加值占比仍存在较大差异，但是普遍存在以下特征。一是产品技术含量越高，定位越高端，嵌入的服务增加值也越多，从而服务的质量和效率决定了全球产业分工中产品的竞争力。二是经济发展水平越高，制造业内含的生产服务业岗位占比越高，服务增加值也越高。

更值得注意的是，服务业是全球产业链价值链中各个生产环节的黏合剂，有了运输、物流、通信、金融等领域高效的服务，跨国公司才有可能在全球布局产业链和供应链，并将在各地生产的产品高效跨境运送到全球消费者手里。制造业服务化的程度不仅决定了一个国家的产业控制力和产品竞争力，还决定着其参与全球产业分工的地位。发达国家的产品制造环节增加值不到产品总价值的40%，超过60%的增加值来自服务环节。

（四）发达国家越发重视外资安全审查并积极制定新规则

首先，扩大外资审查和限制跨境数据流动成为发达国家平衡服务业开放和安全的普遍做法。2015年开始，美国、德国、英国等国家在超过20个服务业细分领域设有外资安全审查要求，日本、法国在电信、空运等关键敏感性服务行业也设有外资安全审查要求，西班牙、新西兰等国家自疫情发生后进一步提高了外资服务业准入条件，新设跨境并购和跨境数据流动限制。受此影响，2016年到2021年除了录音、保险、空运、邮政、物流等行业外，全球其他17个行业的外资准入STRI平均值上升了0.4%，达到11.7%。

其次，发达国家更倾向于以新规则进一步掌握全球服务贸易治理主动权。由于发达国家在经济实力、科技水平、研发投入、信息化等方面具有优势，所以其在金融服务、专业服务、信息服务等知识密集型现代服务业保持了较强的竞争力，并以跨境提供模式输出到全球。特别是科技创新、数字化变革的推动，叠加全球疫情的冲击，跨境提供模式占服务贸易总额的比重上升到30%，成为仅次于商业存在的重要服务贸易模式，发达国家制定新的高标准贸易规则的需求应运而生。例如，美加墨协定（USMCA）、全面与进步跨太平洋伙伴关系协定（CPTTP）等都对跨境服务贸易提出了新规则，与市场准入、国民待遇等核心规则具有同等效力。

（五）服务贸易区域不平衡发展格局加剧

与发达国家比较而言，发展中国家在服务业发展水平、创新能力等方面存在较大差距，服务贸易在地区间的不平衡将随着发达国家在新一轮贸易规则中的话语权优势而进一步加剧。

一方面，发达国家将继续保持服务贸易主导地位并持续顺差。美国、欧盟、日本等在软件和信息技术、金融保险、知识产权等新兴领域和运输、旅游等传统服务业领域具有绝对优势。根据国际数据公司IDC的数据，2021年全球数据市场规模达到765.6亿美元，亚洲、北美和欧洲是全球数据中心产业规模最大的三个区域市场，占比分别为43.4%、30.1%和21.8%。其中，中国是亚洲地区主要的数据中心供给者，数据资源总供给量占亚洲数据供给量的60%左右，日本、韩国、新加坡和印度占比25%左右；欧洲数据中心70%以上的数据资源来自西欧，拥有著名的FLAP数据中心市场（F：法兰克福；L：伦敦；A：阿姆斯特丹；P：巴黎）；美国数字经济占GDP的比重超过60%，占北美数据中心市场规模的比重超过90%。在信息技术市场方面，IDC预计2023年美国信息技术市场规模将达到1.97万亿美元，占全球总规模的36.9%，虽然其是全球最大的贸易赤字国，但却有巨额的服务贸易盈余。

另一方面，随着中国、印度、巴西、墨西哥、菲律宾等发展中国家和新兴经济体承接服务外包的能力提升，发展中国家在全球服务贸易中的地位显著提升。但是，由于服务贸易的关税和非关税壁垒显著高于制造业，信息安全、数字税等问题未能在多边框架下达成共识，发展中国家的服务业仍存在巨大贸易逆差。以中国为例，中国是全球第一大出口国，但却是服务贸易弱势国家，服务出口额占总出口额的比重不足10%，远低于世界发达国家的平均水平，相对于货物贸易的顺差，服务贸易多处于逆差状态，逆差主要来源于旅游服务、运输、知识产权使用和保险等。一般而言，如果服务业开放程度高，会有更多服务业FDI进入，较高的生产性服务业发展有助于制造业企业资源集中优势的发挥，从而服务业出口比重也会提高。现实是中国服务业FDI限制指数不仅高于美国或者经合组织国家，还高于印度、墨西哥和巴西等国家。如果中国想要实现持续对外资本输出，没有金融话语权和人民币的国际地位，纯粹依靠政治考虑，这种可持续性是大打折扣的。

三、农业的全球化布局与竞争态势

农业是提供粮食、消除贫困和饥饿问题的关键领域。它不仅能为农村提供大规模就业，还能为许多发展中国家经济增长提供主要贡献，并参与全球化分工获得大量外汇收入。从全球范围看，农业资源分布极其不均衡：耕地资源主要集中在亚洲和美洲，大洋洲和北美洲人均耕地面积最高，亚洲最低，可利用淡水资源十分有限且区域分布不均，随着工业社会和生态用水增加，全球水资源供求不均衡态势会进一步加剧。这将凸显区域食物安全和农业贸易的重要性，通过农产品生产和贸易满足全球各地区农产品供求平衡。

从农产品生产角度看，农业科技对农业发展起到至关重要的作用。新一轮的科技革命和产业变革，不仅影响制造业、服务业，对农业发展和转型升级也产生了较大的作用，农业正逐步进入信息化、智能化、可持续发展阶段。虽然全球农产品种植面积呈现逐年下降趋势，但是农产品总产量不断上升，这主要得益于农产品单产的提高。相关研究表明：生产投入（如化肥、机械投入）的增加和农业技术的进步是农产品单产提高的两大影响因素。但是，全球农产品供给也存在地区不均衡：单产高的国家，如美国、德国和英国等，其对全球谷物总产量的贡献不到20%，这些国家在公共农业研究发展方面的投资不断增加，在全球农业研发投资中的份额达到50%以上，占据主导地位；单产低的地区，如印度、巴西、阿根廷、加拿大、撒哈拉沙漠以南、南非和中美洲等地区，反而提供了超过半数以上的谷物。

从农产品供应链角度看，全球农产品贸易额稳定，农产品价格成为活跃因素。近年来，农产品贸易和全球整体贸易变化趋势基本一致，在全球经济和贸易形势低迷的背景下，农产品贸易与全部商品贸易出现相似的停滞性增长，而且从2020年开始，主要农产品出现不同程度的价格上浮，波动幅度较大。主要原因包括全球性的通货膨胀，区域冲突和难以预期的地缘政治因素的负面影响，国际市场的供给动能不足以及缺乏应对特定环境的国际协调机制等。2021年，全球粮食略有减产，同比下降1%~2%，消费量基本持平，供需阶段性偏紧，联合国粮农组织报告的食品价格指数创历史新高，达到143.7点，同比增加14.3%，主要大宗农产品全年价格波动剧烈，芝加哥期货市场的小麦和大豆价格创新高，玉米创历史次高，小麦、玉米和大豆全年价格振幅分别为74.5%、44.8%和35.9%。从中国角度看，主要农产品进口呈现高位趋稳态势。

具体看来，2021年全球玉米产量达到11.3亿吨，是全球第一大粮食作物，产量排名前五的国家分别是美国、中国、巴西、欧盟和阿根廷，占比分别为32%、23%、8%、6%和5%。美国、巴西和阿根廷是全球前三大玉米出口国，合计出口量占全球玉米出口总量的80%左右，进口地区主要集中在欧盟、中国、墨西哥、日本、韩国和越南。

2021年全球小麦产量达到7.79亿吨，产量排名前五的经济体分别为欧盟、中国、印度、俄罗斯和美国，占比分别为18%、17%、14%、10%和6%。主要出口国为欧盟、俄罗斯、美国、乌克兰和澳大利亚，占比分别为31%、19%、13%、9%和5%，俄罗斯和乌克兰小麦出口占比合计达28%。

2021年全球大米产量达到5.25亿吨，创历史新高，世界主要产区集中在亚洲、非洲和美洲，其中亚洲产量约占全球产量的90%。中国是全球大米产量最多的国家，全球产量占比约为30%，其次是印度，占比约为25%。印度、泰国和越南是世界大米前三大出口国，占比分别为41%、12%和11.5%。中国虽然大米产量较高，但是人口基数大，加之对大米的消费偏好，中国成为全球最大的大米进口国，进口量约占全球的10%。

2021年全球大豆产量达到3.66亿吨，产量前五的国家为巴西、美国、阿根廷、中国和印度，前三者的产量占全球大豆总产量的比重超过80%。主要出口国分别是巴西、美国、巴拉圭和阿根廷，占比依次为49.6%、37.4%、3.8%和3.2%。主要进口地区为中国、欧盟、东南亚、墨西哥和阿根廷，全球占比分别为60.3%、8.9%、5.9%、3.7%和2.9%。

第四章 国际产业分工与双边贸易

前文分析了经济全球化背景下人民币国际化的动因、发展历程和现状，以及面临的挑战，归纳了人民币国际化进程中全球产业分工的特征、驱动力量、主要模式和历史演变，并对三次产业的全球化布局与竞争态势进行回顾。以此为基础，本书的后续章节将从理论上解析货币国际化带来的一些影响，探究货币国际化给全球产业分工带来的某些重要的效应。

要进行理论分析，就需要一个合适的分析框架。全球产业分工问题属于贸易理论的范畴，目前主流的研究主要以本初同源的新贸易理论和新经济地理学为基本分析框架。而新贸易理论一般在缺乏要素流动的背景下，探讨贸易规模受到的影响。新经济地理学则更擅长分析要素流动和产业转移。因此本书的理论研究选择以新经济地理学为理论基础。

Krugman（1991）开创的新经济地理学以迪克西特-斯蒂格利茨（D-S）垄断竞争框架和冰山交易成本作为研究基础，以一般均衡的分析、厂商的规模收益递增技术和不完全竞争市场结构为主要特征。按照 Fujita & Mori（2005）的划分，NEG 模型可以分为三类，即核心边缘（Krugman，1991）、国际贸易（Krugman & Venables，1995；Venables，1996）和城市体系（Fujita & Krugman，1995）模型。其中，国际贸易型的新经济地理学模型和新贸易理论联系紧密，便于从微观视角出发，探究国际产业分工和布局，以及由此产生的国际贸易情况。

一个国家推进货币国际化是指在国际结算中更广泛使用本国货币。国际结算最主要的部分就是商品贸易额和资本跨国流转额，从而我们将选择能够较清晰、简洁地展示商品贸易额和资本跨国流转额的理论模型作为分析的基本框架。

NEG 经典模型由于通常需要面对复杂方程组，从而难以获得核心变量的解析解，这给研究的开展带来了极大的阻力。在 NEG 经典模型中，Martin & Rogers（1995）创建的自由资本（FC）模型，以框架结构便于处理、容易获得解析解为其特点。而且，FC 模型重点考查资本的空间布局，与本书的研究主旨相契合，因而本章将以 FC 模型为研究基础。

本书的理论部分主要包括两个章节，本章在 FC 模型框架下对不同条件下各国的贸易规模和流向、资本的使用和流向等进行清晰的计算，探讨不同产业和资本项目的贸易净额实现盈余或者呈现赤字的条件。以本章的理论研究为基础，下一章主要探讨货币国际化带来的一些效应。

本章包括三节：在第一节中，我们首先简单地回顾 FC 模型的基本框架及其主要结论；第二节分析两国框架下国内外贸易额和国际收支，探讨 A 部门、M 部门以及商品贸易、资本收益等的贸易顺差出现的条件；第三节则将分析框架拓展至多国，先后探讨所有国家都有 M 部门的情况，以及部分国家拥有 M 部门，即形成"核心—边缘"结构时的情况。

第一节 FC 模型的理论框架

Martin 和 Rogers（1995）建立了对称框架下的 FC 模型，在新经济地理学的经典模型中，FC 模型操作相对简单，但也失去了新经济地理学一些重要的性质。随后，Baldwin 等（2003）研究了非对称框架下的 FC 模型，获得了一些有价值的结论。

一、模型框架①

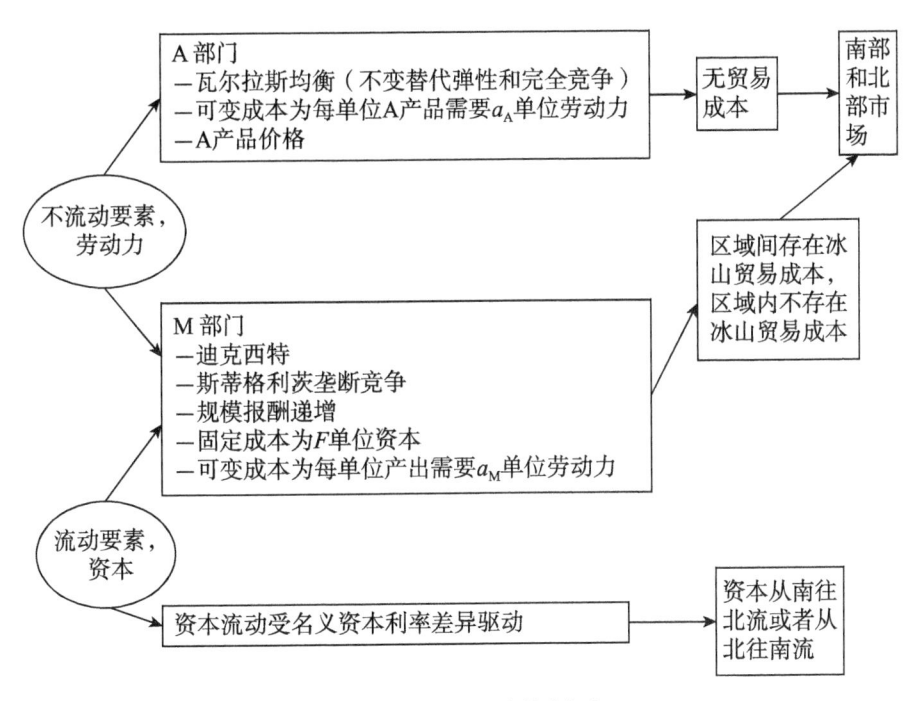

图 4.1　FC 模型的基本框架

如图4.1所示。FC 模型采用 NEG 模型中经典的 2×2×2 框架，即假设有两个区域、两个部门和两种生产要素。经济空间分为北部和南部两个区域，FC 模型可以很容易地将设定拓展至多个国家。在对称 FC 模型中，各个区域在偏好、技术条件、贸易开放程度和要素禀赋等方面均完全相同；如果区域间存在着一个或多个方面的外生差异，则可以称之为非对称 FC 模型。两个部门指 M 部门（工业部门或现代部门）和 A 部门（农业部门或传统部门），相应地，生产 M 产品（工业品）和 A 产品（农产品）。M 部门的生产以规模报酬递增、垄断竞争和冰山贸易成本为特征，而 A 部门以规模报酬不变的生产技术、完全竞争的市场结构和零贸易成本为特征。生产要素是资本 K 和劳动力 L，且规定劳动力仅能在一国内部各部门间流动；而资本可以在其所在国以

---

① 参考《新经济地理学（第二版）》（安虎森等著，经济科学出版社）第四章部分内容。

外的其他地区使用，但资本所有者不流动，并将资本收益消费在资本所有者所在的地方。此外，资本仅作为 M 部门企业的固定成本来使用，劳动力作为可变成本来使用。整个经济空间中，资本和劳动力的禀赋是给定的，分别记作 L^W 和 K^W。

由于资本可以同它的所有者分离，因此资本收益的消费区域和使用区域也可以分离。北部的资本禀赋用 K 表示，南部用 K^* 表示；北部的资本禀赋在总资本禀赋中所占份额用 s_K 表示，南部的资本禀赋份额则为 $1-s_K$；而北部在生产中使用的资本份额用 s_n 表示，南部使用的资本份额则为 $1-s_n$。北部的劳动力禀赋用 L 表示，南部的劳动力禀赋用 L^* 表示；北部的劳动力份额用 s_L 表示，南部的劳动力份额则为 $1-s_L$。在 D-S 框架下，每个企业只生产一种产品，整个经济系统生产的多样化产品种类数为 n^W，北部和南部的企业数或生产的多样化产品种类数分别为 n 和 n^*。

M 部门的成本函数是非齐次的，也就是说固定成本和可变成本两种要素的密集程度不同。假设固定成本只包括资本，可变成本只包括劳动力。并且假设一个企业只使用一单位的资本作为固定成本，每单位产出需要 a_M 单位的劳动（可变成本），则企业的成本函数可以写成：$r+a_M w_L x$，其中 r 和 w_L 分别为资本和劳动力的报酬，x 是企业的产出。A 部门在完全竞争和规模收益不变的情况下生产同质产品，且只使用劳动力，生产一单位的 A 产品需要 a_A 单位的劳动力。

两种产品在地区间是可以进行交易的，假定 A 产品交易无成本，而把 M 产品运到本地消费市场是无成本的，把 M 产品运到其他地区是有成本的。如果在其他地区要出售一个单位的产品，那么必须运输 τ 个单位的产品（$\tau \geq 1$），也就是说，$\tau-1$ 个单位产品将在运输途中"融化"掉。但注意，这里的 τ 为广义的贸易成本，不仅包括运输成本，还包括关税等交易费用。

（一）消费者行为

每个地区的代表性消费者都具有双重效用。第一层效用是指消费者把总支出按不同比例支付在 A 产品和 M 产品时的效用。由于 A 产品是同质产品，因此 A 产品消费是指一种产品的消费，但 M 产品是差异化的产品，因此 M 产

品的消费是指不同 M 产品的某种组合。第二层效用是指消费者消费差异化的 M 产品时的效用。第一层含义上的效用函数是柯布-道格拉斯型效用函数，而第二层含义上的效用函数是不变替代弹性（CES）效用函数。这样，代表性消费者的效用函数可以写成如下形式：

$$U = C_M^\mu C_A^{1-\mu}, \quad C_M = \left[\int_{i=0}^{n^W} c_i^{\sigma-1/\sigma} di\right]^{\sigma/(\sigma-1)}, \quad 1 > \mu > 0, \quad \sigma > 1 \quad (4.1)$$

其中，C_M 和 C_A 分别表示消费者对差异化 M 产品组合的消费和 A 产品的消费，μ 表示支出在 M 产品上的支付份额，c_i 为消费者对第 i 种 M 产品的消费量。

如果用 p_A 表示 A 产品价格，用 p_i 表示第 i 种 M 产品的价格，消费者收入用 Y 来表示，则消费者效用最大化问题的约束条件为：

$$p_A C_A + \int_0^{n^W} p_i c_i di = Y \quad (4.2)$$

消费者效用最大化问题求解可得：

$$C_A = (1-\mu) Y/p_A, \quad c_i = \mu Y (p_i^{-\sigma}/P_M^{1-\sigma}) \quad (4.3)$$

这里，P_M 为 M 产品价格指数：

$$P_M = \left[\int_0^{n^W} p_i^{1-\sigma} di\right]^{1/(1-\sigma)} \quad (4.4)$$

（二）生产者行为

1. A 部门定价

A 部门在完全竞争和规模收益不变条件下生产 A 产品，单位 A 产品所需的劳动投入量为 a_A。由柯布-道格拉斯效用函数可以看出，消费者的最优决策是将其收入的 $1-\mu$ 部分支出在 A 产品上，μ 部分支出在 M 产品中。所以 A 产品的需求量为 $C_A = (1-\mu) E/p_A$。A 部门实现完全竞争的瓦尔拉斯一般均衡，因此价格等于成本，且区域间不存在贸易成本，因此 A 产品的价格在任何地方都相等，也就是 $p_A = a_A w_L = p_A^* = a_A w_L^*$，因此 $w_L = w_L^*$，只要两个区域都生产 A 产品，这种关系总成立。这个条件被称为非完全专业化条件，即没有一个区域具有足够的劳动力来生产能够满足世界需求的 A 产品，严格的表述为：世界对 A 产品的总支出 $(1-\mu) E^w$ 总大于任意区域的 A 产品产值 p_A（max

$\{L_A, L_A^*\}$）/a_A。选择 A 产品作为计价单位，并使得一单位的劳动只生产一单位的 A 产品，这样 $a_A = 1$，那么，$p_A = p_A^* = w_L = w_L^* = 1$。

2. M 部门定价

M 部门为 D-S 垄断竞争行业。垄断竞争框架的重要特征之一，就是每个 M 部门企业规模都比较小，因而可以忽略各企业产品价格对需求函数（式 4.3）中分母的影响。同时，产品是差异化的，因而企业间没有策略性共谋活动。因此，厂商利润最大化的定价策略是根据边际成本的不变加成定价法定价。根据前面给出的成本函数，生产第 i 种差异化产品的企业，其利润函数为：

$$\pi_i = p_i x_i - (r + w_L a_M x_i) \qquad (4.5)$$

其中，x_i 为第 i 种差异化产品的产出量。由于没有储蓄，收入和支出相等，即 $Y = E$。根据前面讨论的消费者的需求函数（式 4.3），该经济系统对该企业产品的总需求为：

$$x_i = \mu E \frac{p_i^{-\sigma}}{P_M^{1-\sigma}} = \mu E \frac{p_i^{-\sigma}}{\Delta n^W} \qquad (4.6)$$

其中，E 为该经济系统的总支出（总购买力）。可得到 $p_i = w_L a_M / (1 - 1/\sigma)$。可看出产品价格与产品种类无关，也就是说所有种类的产品价格都是一样的，这样可以把下标 i 去掉，则：

$$p = \frac{w_L a_M}{1 - 1/\sigma}, \quad p^* = \frac{\tau w_L a_M}{1 - 1/\sigma} \qquad (4.7)$$

均衡时每个企业不可能获得正利润，均衡利润只能为 0，可以得到每个企业的产量：

$$x_i = \frac{(\sigma - 1)r}{w_L a_M} \qquad (4.8)$$

每个企业的产出量与产品种类无关，每个企业的产出量相同，企业规模都一样，这样可以去掉下标 i，即：

$$x = \frac{(\sigma - 1)r}{w_L a_M} \qquad (4.9)$$

3. 资本收益

在垄断竞争情况下，企业获得零利润，因此，销售收入等于生产成本，即 $px = r + w_L a_M x$。根据式（4.7），可以得到企业的资本收益：

$$r = px/\sigma \tag{4.10}$$

将两个区域的 M 产品价格指数 P_M 和 P_M^* 代入资本收益表达式 $r = px/\sigma$ 中，就可以求出利润函数的表达式。下面分别计算两区域的 M 产品价格指数：

$$(P_M)^{1-\sigma} = n^W p^{1-\sigma}[s_n + \phi(1-s_n)] ; (P_M^*)^{1-\sigma} = n^W p^{1-\sigma}[\phi s_n + (1-s_n)] \tag{4.11}$$

其中 $\phi = \tau^{1-\sigma}$，ϕ 在新经济地理学模型中通常用于表示区际贸易开放度，ϕ 越大，则区际贸易成本 τ 越小；$\phi = 0$ 时，区际贸易成本 τ 为无穷大；$\phi = 1$ 时，不存在区际贸易成本，$\tau = 1$。把上面两个式子带入 r 的表达式，则：

$$r = px/\sigma = \frac{\mu}{\sigma} \frac{E^W}{n^W} \left[\frac{s_E}{s_n + \phi(1-s_n)} + \phi \frac{1-s_E}{\phi s_n + (1-s_n)} \right] \tag{4.12}$$

我们可以写出北部企业的利润函数为：

$$r = bB \frac{E^w}{K^w}, B = \frac{s_E}{\Delta} + \phi \frac{1-s_E}{\Delta^*}, b \equiv \frac{\mu}{\sigma} \tag{4.13}$$

这里，$\Delta = s_n + \phi(1-s_n)$，$\Delta^* = \phi s_n + (1-s_n)$。同理，南部企业的利润函数可写成：

$$r^* = bB^* \frac{E^w}{K^w}, B^* = \phi \frac{s_E}{\Delta} + \frac{1-s_E}{\Delta^*} \tag{4.14}$$

4. 市场份额

如式（4.13）所示，M 部门企业的利润取决于企业的空间分布 s_n 和消费支出的空间分布 s_E。下面讨论一下 s_E 如何决定的问题，也就是市场规模 s_E 的决定条件。

我们首先求出 E^w。由于 FC 模型不考虑储蓄，因此支出等于收入，即 E^w 是总支出，同时也是总收入。全世界的总收入等于资本要素的收入之和再加上劳动力要素的收入，可以写成 $E^W = w_L L^W + (nr + n^* r^*)$。而 $s_n B + (1-s_n) B^* = 1$，因此：

$$E^W = w_L L^W/(1-b) \quad (4.15)$$

北部的总收入（总支出）也包括两部分，即劳动收入和资本收益。劳动收入容易得到，即 $w_L s_L L^W$。现在考虑资本收益，考虑到资本的充分流动性，从而所有资本的收益率通常能够相同，从而可以得到资本要素的收益率为 bE^w/K^w。进而可以得到北部的收入（支出）份额：

$$s_E = (1-b)s_L + bs_K \quad (4.16)$$

从上式可以看出，只要区域所拥有的劳动和资本分布一定，收入（支出）的空间分布就确定，而与资本具体在哪一个区域使用无关，即收入（支出）的空间分布与企业的空间分布无关，这是由于在 FC 模型中，资本的经营收益全部返回到资本所有者所在的区域，并且不存在资本所有者和劳动力的空间转移。

二、模型均衡

（一）资本的空间流动

由于资本收入并不在使用资本的区域消费，资本收益全部返回到资本原有所在地，因此资本流动将取决于两个区域名义收益率的差异。

由于资本可以自由流动，从而可能产生两种均衡。其一是两个区域资本收益率相同的内点均衡状态，即 $r = r^*$；其二是所有的资本都流向一个区域的核心边缘（CP）结构均衡状态，此时 $s_n = 0$ 或者 $s_n = 1$。没有资本流动的状态就是区域均衡条件，即：

$$r = r^* \ (0 < s_n < 1 \text{ 时})，或 s_n = 0，或 s_n = 1 \quad (4.17)$$

（二）产业的空间布局

资本收益率的差异是决定资本流动的力量，下面我们计算区域间资本收益率的差异。由式（4.13）和式（4.14）可得：

$$r - r^* = \frac{bE^w(1-\phi)}{K^w \Delta \Delta^*}\left[(1+\phi)\left(s_E - \frac{1}{2}\right) - (1-\phi)\left(s_n - \frac{1}{2}\right)\right] \quad (4.18)$$

从式（4.18）可以看出，当两个区域的支出份额相同且均等于 1/2 时，如果没有区际贸易成本，也就是贸易自由度 $\phi = 1$，则区际资本利润率总是相等的，这时空间在经济系统中是不起作用的，即经济活动与区位无关。一般情况下，$0 < \phi < 1$，因此区际资本利润率差异受到两个相反力量的作用。式（4.18）中，方括号内第一项为正，可称为"集聚力"，表示如果北部的支出份额大于对称分布时的份额，那么该项对资本利润率差异的影响为正，这表明具有较大支出份额的区域对资本的吸引力更大，正是这种吸引力导致资本的集聚。同时，s_E 为北部的市场规模，系数 $1 + \phi > 1$，说明存在本地市场放大效应。第二项是负值，可称为"分散力"，表明如果北部实际使用的资本份额超过对称分布时的资本份额，那么这一作用力将降低北部的资本利润率，从而阻碍资本向使用较多资本的区域流动，这种效应称为"市场拥挤效应"。资本最终的流动方向取决于聚集力和分散力的大小。根据式（4.17）和式（4.18），我们可以得出：

$$s_n = \begin{cases} \dfrac{1}{2} + \dfrac{1+\phi}{1-\phi}\left(s_E - \dfrac{1}{2}\right), & \dfrac{\phi}{1+\phi} \leqslant s_E \leqslant \dfrac{1}{1+\phi} \\ 1, & s_E \geqslant \dfrac{1}{1+\phi} \\ 0, & s_E \leqslant \dfrac{\phi}{1+\phi} \end{cases} \quad (4.19)$$

式（4.19）描述了不存在资本流动时的条件，也就是如果满足式（4.19），则资本就不会流动。它反映了支出空间分布 s_E 如何决定资本使用的空间分布或企业空间分布 s_n 的问题。均衡条件下，区域使用的资本份额与区域收入份额的关系必须满足式（4.19）。

把式（4.16）代入式（4.19），就可以得到均衡条件下资本使用的空间分布：

$$s_n = \begin{cases} \dfrac{1}{2} + \dfrac{1+\phi}{1-\phi}\left[(1-b)\left(s_L - \dfrac{1}{2}\right) + b\left(s_K - \dfrac{1}{2}\right)\right], & \dfrac{\phi}{1+\phi} \leqslant s_E \leqslant \dfrac{1}{1+\phi} \\ 1, & s_E \geqslant \dfrac{1}{1+\phi} \\ 0, & s_E \leqslant \dfrac{\phi}{1+\phi} \end{cases}$$

$$(4.20)$$

式（4.16）表示了相对市场规模条件，它揭示了劳动禀赋和资本禀赋的分布如何决定支出的空间分布的问题，而式（4.20）表示了 M 产业的区位条件，揭示了支出的空间分布如何决定资本使用的空间分布，也就是企业的空间分布的问题。因此，在 FC 模型中，区域间劳动禀赋和资本禀赋的分布一旦确定，就可以通过式（4.16）得到支出份额的空间分布，又通过式（4.18）得到资本使用的空间分布。

三、主要结论

在对称 FC 模型，即当所有区域的支出份额相等时，除非贸易完全开放，否则模型的均衡均为对称均衡。经典的 NEG 模型，如 CP 模型，具有一系列重要的特征，如本地市场放大效应，需求关联和成本关联的循环累积因果关系，内生的非对称，突发性聚集，区位黏性，驼峰状聚集租金，叠加区的多重长期均衡。而 FC 模型简化了分析，从而也失去了一些特征，主要特征为本地市场放大效应、循环累积因果关系。

FC 模型的最大优势在于能够处理区域非对称性问题，从而可以具体分为对称 FC 模型和非对称 FC 模型，前者各个区域各方面的外生条件均相等，而后者则存在区域间的外生差异。此外，FC 模型也较容易地将研究拓展至多个国家。

（一）市场规模非对称和资本流动

当两个区域的大小不对称时，假定北部市场规模较大，$s_E > 1/2$，根据式（4.18）可以判断 $s_n > 1/2$。内部均衡仍然是单一且稳定的，而且 $\partial s_n / \partial s_E > 1$。这就是所谓的"本地市场效应"：在市场规模较大的区域，支出份额或市场规模的变化导致企业份额更大比例的变化。

如式（4.19）所示，在支出给定的情况下，贸易成本的改变影响企业分布。当北部市场规模较大时，随着贸易自由度增大，s_n 增大，在贸易完全自由之前，市场达到 CP 结构，$s_n = 1$。式（4.19）中已经表示出 $s_n = 1$ 时，市场开放度 ϕ 的临界值，当市场开放度大于该值时，所有的企业都集中在北部。

$$\phi^{CP} = (1 - s_E)/s_E \tag{4.21}$$

降低贸易成本对区位调整弹性（"本地市场放大效应"）的影响也可以从式（4.19）中看出：

$$\frac{\partial^2 s_n}{\partial s_E \partial \phi} = \frac{2}{(1-\phi)^2} > 0 \tag{4.22}$$

这就是说，当贸易更加自由时，市场规模的增加会导致企业份额更大比例的变化。

市场规模的不对称源自要素禀赋的不对称，即指两区域的资本禀赋与劳动力禀赋的差异，从而会发生资本流动，流动方向取决于 $s_n - s_K$ 的符号。如果这一差值为正，北部使用的资本比它拥有的多，所以它是资本输入区；如果该差值为负，它就是资本输出区。

从上面的分析我们知道，如果北部市场规模较大，但是劳动力、资本相对禀赋相同，且都等于本地市场规模时，即 $s_L = s_K = s_E > 1/2$，则北部是资本输入区，这正是"本地市场效应"（$s_n > s_E$）作用的结果。如果在上述条件的基础上使 s_K 变大一些，即北部不仅市场规模较大而且资本禀赋也相对更丰富，即 $s_K > s_E > 1/2$ 时，那么，北部资本的相对丰富将倾向于抵消本地市场效应，根据式（4.20）可得：

$$s_n - s_K = \frac{2\phi}{1-\phi}\left(s_E - \frac{1}{2}\right) + (s_E - s_K) \tag{4.23}$$

该式表明，如果北部的资本禀赋相对充裕［式（4.23）中的第二项为负］，即使存在"本地市场效应"［式（4.23）中的第一项为正］，北部也可能是一个资本输出区。但是，当贸易成本足够低时（第一项足够大），"本地市场效应"最终会起主导作用，也就是说，尽管北部初始的资本禀赋相当丰富，但仍进一步输入资本。

将式（4.20）代入式（4.23）可以得到：

$$s_n - s_K = \frac{1+\phi}{1-\phi}\left[\left(s_L - \frac{1}{2}\right) + b(s_K - s_L)\right] - \left(s_K - \frac{1}{2}\right) \tag{4.24}$$

当北部为资本输入区，即满足 $s_n > s_K$ 时，有：

$$\phi > \frac{(1-b)\left[\left(s_K - \frac{1}{2}\right) - \left(s_L - \frac{1}{2}\right)\right]}{\left(s_K - \frac{1}{2}\right) + \left[(1-b)\left(s_L - \frac{1}{2}\right) + b\left(s_K - \frac{1}{2}\right)\right]} \quad (4.25)$$

可见，当 $s_L > s_E > s_K > 1/2$ 时，北部为资本输入区；当 $s_K > s_E > s_L > 1/2$ 时，如果：

$$\phi > \frac{\left(s_K - \frac{1}{2}\right) - \left[(1-b)\left(s_L - \frac{1}{2}\right) + b\left(s_K - \frac{1}{2}\right)\right]}{\left(s_K - \frac{1}{2}\right) + \left[(1-b)\left(s_L - \frac{1}{2}\right) + b\left(s_K - \frac{1}{2}\right)\right]} \quad (4.26)$$

北部为资本输入区，反之则为输出区。

（二）多国 FC 模型的结论

1. 贸易成本对称

假设有 R 个国家，$R>2$；任意两国之间的贸易成本（开放度）相同。即对于 j 国而言，s_K^j 表示 j 国的资本份额，s_L^j 表示 j 国的劳动份额，s_E^j 表示 j 国的支出份额。从而，必然有：

$$s_E^j = (1-b)s_L^j + bs_K^j \quad (4.27)$$

贸易自由度局限于一定范围，使得每个国家都有一些 M 部门，即对于任意的 j 而言，$s_n^j \neq 0$。

可以得出位于区域 j 的资本收益：

$$r^j = \left(\frac{s_E^j}{\Delta^j} + \phi \sum_{i \neq j} \frac{s_E^i}{\Delta^i}\right) b \frac{E^W}{K^W}, \quad \Delta^j \equiv s_n^j + (1-s_n^j)\phi \quad (4.28)$$

资本的流动导致资本的均衡收益相等，每单位资本获得的平均资本收益为 bE^W/K^W，在多区域前提下，区位条件为：

$$r^j = r^i = bE^W/K^W \quad (4.29)$$

首先考虑贸易开放度较低，所有 R 国都有 M 部门企业的情况。可以得出区位条件为：

$$s_n^j - \frac{1}{R} = \left(1 + \frac{\phi R}{1-\phi}\right)\left(s_E^j - \frac{1}{R}\right) \quad (4.30)$$

从式（4.30）可以得出如下结论：由于市场规模大于平均市场规模的国

家是 M 产品的净出口者，以此展示出"本地市场效应"。此外，由于"本地市场效应"随着贸易自由度 ϕ 的增大而增大，所以同样存在本地市场放大效应。

式（4.30）还表明，全球贸易自由化提高了大国的 M 部门份额，降低了小国的 M 部门份额。从而，随着贸易逐渐开放，小国将失去 M 部门，成为经济的"边缘国"。确定贸易开放度的这一临界值 ϕ^j。当某一国的市场份额小于平均规模（$s_E^j < 1/R$）时，ϕ^j 表示，一旦贸易自由度 ϕ 大于此临界值（$\phi > \phi^j$），则 j 国的 M 部门全部转移出去，j 国沦落为"边缘国"国家（$s_n^j = 0$）。ϕ^j 可以表示为：

$$\phi^j = \frac{s_E^j}{1-(R-1)s_E^j} \tag{4.31}$$

式（4.31）表明，随着贸易自由度 ϕ 的增加，从市场规模最小的区域开始，依次成为 A 部门生产专业化区域（M 部门全部转移出去）；当贸易完全自由时，所有 M 部门都集中在市场规模最大的区域。总结上面的讨论，则可以得出如下结论：

在这一简单的多国 FC 模型中，由于存在本地市场放大效应，全球经济自由化有利于大国而不利于小国。在多边贸易自由化过程中，最小的国家首先失去所有 M 部门，随着自由化的推进，其他国家依市场规模小于平均市场规模的程度，依次变成"边缘国"国家（当贸易自由度 $\phi > \phi^j$ 时，j 国的 M 部门全部转移出去，由式（4.31）可知，j 国的市场规模 s_E^j 越小，其被边缘化所需的贸易自由度的临界值 ϕ^j 越小）。当贸易完全自由化时，所有 M 部门都将集中于市场规模最大的国家。

将各国的支出份额进行排序，假设 $s_E^1 \geq s_E^2 \geq \cdots\cdots \geq s_E^i \geq \cdots\cdots \geq s_E^R$。那么，当贸易开放度达到 ϕ^R 时，R 国成为 A 部门专业化区域，$s_n^R = 0$。考虑贸易开放度还没有达到令其他国家成为 A 部门专业化区域，那么有：

$$r^j = \left(\frac{s_E^j}{\Delta^j} + \phi \sum_{i \neq j}^{R-1} \frac{s_E^i}{\Delta^i} + s_E^R\right) b\frac{E^w}{K^w}, \quad ,j = 1, 2, \cdots, R-1 \tag{4.32}$$

资本的流动导致资本的均衡收益相等，区位条件为 $r^j = r^i = bE^w/K^w$。解此区位条件，可以得出如下式子：

$$s_n^j - \frac{1}{R-1} = \frac{1+(R-2)\phi}{(1-s_E^R)(1-\phi)}\left(s_E^j - \frac{1-s_E^R}{R-1}\right) \quad (4.33)$$

那么，当贸易开放度达到 $\phi^{R-1} = s_E^{R-1}/[1-s_E^R-(R-2)s_E^{R-1}] \geqslant \phi^R$，$R-1$ 国成为 A 部门专业化区域，$s_n^{R-1} = 0$。随着贸易开放度的提高，当贸易开放度达到：

$$\phi^{R-1} = \frac{s_E^{R-1}}{1-s_E^R-(R-2)s_E^{R-1}} \geqslant \phi^R \quad (4.34)$$

$R-1$ 个国家也失去了所有的 M 部门。继续贸易开放的过程，随着贸易开放度的提高，当只有 i 个国家拥有 M 部门时：

$$s_n^i - \frac{1}{i} = \frac{1+(i-1)\phi}{(1-\phi)\sum_{j=1}^{i} s_E^j}\left(s_E^i - \frac{1}{i}\sum_{j=1}^{i} s_E^j\right) \quad (4.35)$$

综合上述的分析可以判断，随着贸易开放度的提高：

$$\phi^i = \frac{s_E^i}{\sum_{j=1}^{i} s_E^j - (i-1)s_E^i} \quad (4.36)$$

这也意味着，如果 $\phi \geqslant \phi^2 = s_E^2/s_E^1$，则只有国家 1 拥有 M 部门。图 4.2 展示了多国模型的模拟结果。

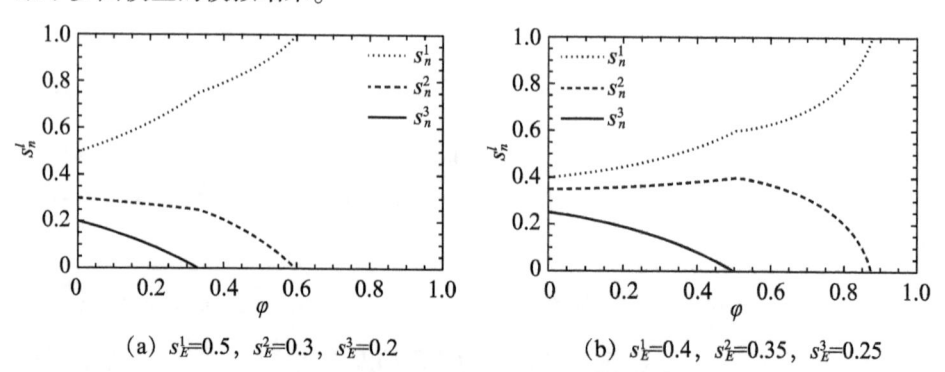

(a) $s_E^1=0.5$, $s_E^2=0.3$, $s_E^3=0.2$　　(b) $s_E^1=0.4$, $s_E^2=0.35$, $s_E^3=0.25$

图 4.2　多国 FC 模型的产业均衡布局示例
模拟参数：$\mu = 0.5$, $\sigma = 5$

如图 4.2 所示，随着全球贸易的逐渐开放，市场规模小于世界平均水平的国家 M 产业不断流失。在规模最小的国家成为"边缘国"后，剩下的两个

国家重新分配 M 产业。如图 4.2（b）所示，随着全球贸易开放，在国家 3 成为"边缘国"之前，国家 2 的 M 产业随着贸易开放而发展，但在国家 3 成为"边缘国"后，尽管国家 2 的市场规模超过了世界平均水平，但依旧在贸易开放下流失 M 产业，直至成为下一个"边缘国"。

2. 贸易成本非对称

上述分析只是将国家数量从两个扩展至任意数量，并且保留了市场规模的非对称，但依旧延续着贸易成本空间一体化的假设，即任意两国之间的贸易成本 τ（以及贸易自由化指数 ϕ）均相等。实践中，部分国家之间直接签署贸易协议①甚至成立自由贸易区，从而贸易成本在空间中并不均等。对于任意国家而言，在与某些国家贸易时，贸易成本可能较低，而在与另一些国家贸易时，贸易成本则可能较高。非对称的 FC 模型还可以拓展至多个国家且彼此贸易成本可能不相等的情况。当然，如果国家数量太多，也会带来较大的处理困难。

假定有 3 个国家②，国家 1 和国家 2 之间签订了贸易协议，从而贸易开放度为 ϕ'，而国家 1 和国家 3 之间，以及国家 2 和国家 3 之间贸易开放度则依旧为 ϕ，且 $1 > \phi' > \phi$；假定贸易开放度还没有高到令某个国家失去 M 部门。那么根据资本收益均等条件 $r^j = r^i = bE^W/K^W$，可以得到三个国家的 M 部门份额：

$$s_n^1 = \frac{(1+\phi'-2\phi^2)[s_E^1 + (s_E^1 - s_E^2)(\phi'-\phi)/(1-\phi')]}{(1-\phi)(1-\phi+\phi'-\phi)} - \frac{\phi}{1-\phi+\phi'-\phi}$$

$$s_n^2 = \frac{(1+\phi'-2\phi^2)[s_E^2 + (s_E^2 - s_E^1)(\phi'-\phi)/(1-\phi')]}{(1-\phi)(1-\phi+\phi'-\phi)} - \frac{\phi}{1-\phi+\phi'-\phi}$$

$$s_n^3 = \frac{(1+\phi'-2\phi^2)s_E^3}{(1-\phi)(1-\phi+\phi'-\phi)} - \frac{\phi}{1-\phi} \quad (4.37)$$

首先考虑，一国市场规模对各国产业份额的影响：

$$\frac{\partial s_n^1}{\partial s_E^1} = \frac{1+\phi'-2\phi^2}{(1-\phi')(1-\phi+\phi'-\phi)} > 0,$$

---

① 当然，也包括更广泛地使用贸易国的货币，从而在货币结算方面带来的便利。
② 依旧用上标 $i=1, 2, 3$，以作为区分。

$$\frac{\partial s_n^1}{\partial s_E^2} = -\frac{\partial s_n^1}{\partial s_E^3} = \frac{-(1+\phi'-2\phi^2)(\phi'-\phi)}{(1-\phi)(1-\phi')(1-\phi+\phi'-\phi)} < 0,$$

$$\frac{\partial s_n^3}{\partial s_E^1} = \frac{\partial s_n^3}{\partial s_E^2} = \frac{-(1+\phi'-2\phi^2)}{(1-\phi)(1-\phi+\phi'-\phi)} < 0 \quad (4.38)$$

可以看到，一国的市场规模显然会增加本国（M部门）的产业份额。而对贸易协定国而言，伙伴国的市场规模越大，则会将本国的部分M部门吸引至伙伴国，而非伙伴国的市场规模越大，反而有利于本国的产业发展；对于非贸易协定国而言，任意贸易协定国市场规模的扩大，均会吸引本国产业的外流。

进一步考虑，两种贸易开放度的影响：

$$\frac{\partial s_n^1}{\partial \phi'} > 0, \frac{\partial s_n^2}{\partial \phi'} > 0, \frac{\partial s_n^3}{\partial \phi} < 0, \frac{\partial s_n^3}{\partial \phi} < 0,$$

$$\operatorname{sgn} \frac{\partial (s_n^1 - s_n^2)}{\partial \phi} = \operatorname{sgn}(s_E^2 - s_E^1) \quad (4.39)$$

可以看到，贸易协定国之间的贸易越开放，必然有利于资本由非协议国流向贸易协定国。而非贸易协定国之间的贸易越开放，也同样有利于资本流入协议国，但会导致贸易协议国内部M部门规模的收敛。

第二节　两国框架下的国内外贸易额和国际收支

在 FC 模型中并不需要真实的货币，而是通常将 A 商品作为计价物。然而，如果从商品贸易流向来进行分析，则很容易延伸至货币，乃至商品贸易额等。

每个国家的居民将收入的一部分购买本国生产的产品，包括 A 商品和 M 商品，那么这部分支出所使用的结算货币显然应当为本国货币。同时，任何国家也均会进口商品。如果本国的 A 商品产量足够高，能够实现自给自足，那么仅需进口 M 商品；反之，则 A 商品和 M 商品均需进口。那么这部分进口商品的价值即为进口额，需要通过国际结算货币来进行交易。基于这个视角，本节将延续 FC 模型，尝试解构货币和贸易额。

首先，从仅包含北国和南国的两国 FC 模型开始分析。仍假设两边贸易开放度相同，基于对称性，重点探讨北国。

一、A 产品的贸易额和国际收支

对于北国而言，A 商品的消费量（需求量）$D_A = (1-\mu)E$，而 A 商品的产量（供给量）为 L_A，这里 L_A 表示 A 部门劳动力的数量。可以计算得到：

$$L_A = L - \mu(1-1/\sigma)s_n E^W \tag{4.40}$$

如果 $L_A > D_A$，那么 A 商品的消费量均由本地产量供应，从而 A 商品的本地交易额为 D_A；剩余的 A 商品 $L_A - D_A$ 部分将出口。如果 $L_A = D_A$，那么 A 商品在两国均恰好能实现自给自足，不存在 A 商品的双边贸易。如果 $L_A < D_A$，那么 A 商品的消费量无法完全由本地产量供应，从而 A 商品的本地交易额为 L_A；剩余的 A 商品消费量 $D_A - L_A$ 部分将由国外进口。

显然，如果两国形成"核心—边缘"结构，则必然是：边缘国为 A 商品的出口国，而核心国为 A 商品的进口国。因此，我们重点推导两国均有 M 产业的情况下 A 商品的贸易顺差 BP_A：

$$\begin{aligned}BP_A &= L_A - D_A = L^W s_L - \mu E^W\left(1-\frac{1}{\sigma}\right)s_n - E^W(1-\mu)s_E \\ &= \frac{L^W}{1-b}\Big\{(1-b)\Big[b-(\mu-b)\frac{2\phi}{1-\phi}\Big]\left(s_L-\frac{1}{2}\right) - \\ &\quad b\Big[(1-b)+(\mu-b)\frac{2\phi}{1-\phi}\Big]\left(s_K-\frac{1}{2}\right)\Big\}\end{aligned} \tag{4.41}$$

显然，当两个国家完全对称，即 $s_L = 1/2$ 且 $s_K = 1/2$ 时，$BP_A = 0$，两个国家的 A 商品均能自给自足，两国之间不存在 A 商品的对外贸易。我们进一步探讨，两国只在人口或者资本禀赋一方面相等的情况。

（1）如果 $s_L = 1/2$，那么：

$$BP_A = E^W b\Big[(1-b)+(\mu-b)\frac{2\phi}{1-\phi}\Big]\left(\frac{1}{2}-s_K\right) \tag{4.42}$$

从而，当 $s_K > 1/2$ 时，$BP_A < 0$；反之，当 $s_K < 1/2$ 时，$BP_A > 0$，A 商品由资本小国出口至资本大国。根据式（4.42）可以知道，A 商品的双边贸易额随着两国资本禀赋差异的加大和贸易开放度的提高而扩大。

（2）如果 $s_K = 1/2$，那么：

$$BP_A = E^W(1-b)\left[b-(\mu-b)\frac{2\emptyset}{1-\emptyset}\right]\left(s_L - \frac{1}{2}\right) \quad (4.43)$$

从而，$L_A - D_A > 0$ 的条件为：

① $s_L > \frac{1}{2}$ 时，$b - (\mu - b)\frac{2\emptyset}{1-\emptyset} > 0$，即 $\emptyset < \frac{1}{2\sigma - 1}$；此时，A 商品的双边贸易额随着两国人口禀赋差异的加大和贸易开放度的降低而扩大。

② $s_L < \frac{1}{2}$ 时，$b - (\mu - b)\frac{2\emptyset}{1-\emptyset} < 0$，即 $\emptyset > \frac{1}{2\sigma - 1}$；此时，A 商品的双边贸易额随着两国人口禀赋差异的加大和贸易开放度的提高而扩大。此时 A 商品由北国向南国出口。

当 $s_L > \frac{1}{2}$ 且 $\emptyset > \frac{1}{2\sigma - 1}$ 或者 $s_L < \frac{1}{2}$ 且 $\emptyset < \frac{1}{2\sigma - 1}$ 时，A 商品由南国向北国出口。

可以看到，当两国拥有相同的资本禀赋时，无论是人口大国还是人口小国，均有可能成为 A 商品的出口国。其分界点为贸易自由度 $\emptyset$ 等于 $\frac{1}{2\sigma - 1}$。

如果两国的人口和资本禀赋均不相等，那么北国为 A 商品出口国，即 $BP_A > 0$，必须满足下列条件之一：

（3）$s_L > \frac{1}{2}$ 且 $s_K > \frac{1}{2}$

这就要求，$b > \mu\left(1 - \frac{1}{\sigma}\right)\frac{2\emptyset}{1-\emptyset}$ 且 $\frac{\left(s_L - \frac{1}{2}\right)}{\left(s_K - \frac{1}{2}\right)} > \frac{b\left[\left(1 - \frac{\mu}{\sigma}\right) + \mu\left(1 - \frac{1}{\sigma}\right)\frac{2\emptyset}{1-\emptyset}\right]}{1 - b\left[b - \mu\left(1 - \frac{1}{\sigma}\right)\frac{2\emptyset}{1-\emptyset}\right]}$

$b > \mu\left(1 - \frac{1}{\sigma}\right)\frac{2\emptyset}{1-\emptyset}$ 等价于 $\emptyset < \frac{1}{2\sigma - 1}$；$\frac{\left(s_L - \frac{1}{2}\right)}{\left(s_K - \frac{1}{2}\right)} > \frac{b\left[\left(1 - \frac{\mu}{\sigma}\right) + \mu\left(1 - \frac{1}{\sigma}\right)\frac{2\emptyset}{1-\emptyset}\right]}{1 - b\left[b - \mu\left(1 - \frac{1}{\sigma}\right)\frac{2\emptyset}{1-\emptyset}\right]}$

等价于 $\frac{2\emptyset}{1-\emptyset} < \frac{b(1-b)s_L - s_K}{\mu - b\left[(1-b)\left(s_L - \frac{1}{2}\right) + b\left(s_K - \frac{1}{2}\right)\right]}$，从而要求 $s_L > s_K$，即 $s_L >$

$s_K > \frac{1}{2}$；此时：

$$\emptyset < min\left\{\frac{1}{2\sigma - 1}, \frac{b(1-b)(s_L - s_K)}{b(1-b)(s_L - s_K) + 2(\mu - b)\left[(1-b)\left(s_L - \frac{1}{2}\right) + b\left(s_K - \frac{1}{2}\right)\right]}\right\}$$
(4.44)

这意味着，当一国的人口和资本禀赋均大于另一国时，如果该国的人口禀赋高于资本禀赋，当贸易开放度足够低时，该国可以成为 A 商品出口国。

（4）$s_L < \frac{1}{2}$ 且 $s_K < \frac{1}{2}$

这就要求，① $b \leq \mu\left(1 - \frac{1}{\sigma}\right)\frac{2\emptyset}{1-\emptyset}$，即 $\emptyset \geq \frac{1}{2\sigma - 1}$。这意味着，当一国的人口和资本均为小国，如果贸易开放度足够高时，该国可以成为 A 商品出口国。

② $b > \mu\left(1 - \frac{1}{\sigma}\right)\frac{2\emptyset}{1-\emptyset}$ 且 $\dfrac{\frac{1}{2} - s_L}{\frac{1}{2} - s_K} < \dfrac{b\left[\left(1 - \frac{\mu}{\sigma}\right) + \mu\left(1 - \frac{1}{\sigma}\right)\frac{2\emptyset}{1-\emptyset}\right]}{(1-b)\left[b - \mu\left(1 - \frac{1}{\sigma}\right)\frac{2\emptyset}{1-\emptyset}\right]}$。

即 $\emptyset < \frac{1}{2\sigma - 1}$，且

$$\emptyset > \frac{b(1-b)(s_K - s_L)}{b(1-b)(s_K - s_L) + 2(\mu - b)\left[(1-b)\left(\frac{1}{2} - s_L\right) + b\left(\frac{1}{2} - s_K\right)\right]}$$
(4.45)

进一步分解，①如果 $s_K < s_L < \frac{1}{2}$，则式（4.45）必然能满足，这就意味着只要满足 $\emptyset < \frac{1}{2\sigma - 1}$；综合上述的分析可知，只要 $s_K < s_L < \frac{1}{2}$，则必然有 $BP_A > 0$。这就意味着，当一国的人口和资本均为小国且资本（人口）相

对稀缺（丰富）时，该国可以成为 A 商品出口国。

②如果 $s_L < s_K < \frac{1}{2}$，则

$$\emptyset > \frac{b(1-b)(s_K - s_L)}{b(1-b)(s_K - s_L) + 2(\mu - b)\left[(1-b)\left(\frac{1}{2} - s_L\right) + b\left(\frac{1}{2} - s_K\right)\right]}$$
(4.46)

这意味着，如果一国的人口和资本均为小国且人口（资本）相对稀缺（丰富），当贸易开放度较高时，该国可以成为 A 商品出口国。

(5) $s_L > \frac{1}{2} > s_K$

这就要求：

① $b \geq \mu\left(1 - \frac{1}{\sigma}\right)\frac{2\emptyset}{1-\emptyset}$，即 $\emptyset \leq \frac{1}{2\sigma - 1}$；② $b < \mu\left(1 - \frac{1}{\sigma}\right)\frac{2\emptyset}{1-\emptyset}$ 且

$$\frac{s_L - \frac{1}{2}}{\frac{1}{2} - s_K} < \frac{b\left[\left(1 - \frac{\mu}{\sigma}\right) + \mu\left(1 - \frac{1}{\sigma}\right)\frac{2\emptyset}{1-\emptyset}\right]}{1 - b\left[\mu\left(1 - \frac{1}{\sigma}\right)\frac{2\emptyset}{1-\emptyset} - b\right]},$$

即 $\emptyset > \max\left\{\frac{1}{2\sigma - 1}, \frac{b(1-b)(s_L - s_K)}{b(1-b)(s_L - s_K) + 2(\mu - b)\left[(1-b)\left(s_L - \frac{1}{2}\right) + b\left(s_K - \frac{1}{2}\right)\right]}\right\}$
(4.47)

这意味着，如果一国为人口大国却是资本小国，当贸易开放度足够低或者足够高时，该国可以成为 A 商品出口国。

(6) $s_K > \frac{1}{2} > s_L$

这就要求：$b < \mu\left(1 - \frac{1}{\sigma}\right)\frac{2\emptyset}{1-\emptyset}$ 且 $\frac{\frac{1}{2} - s_L}{s_K - \frac{1}{2}} > \frac{b\left[\left(1 - \frac{\mu}{\sigma}\right) + \mu\left(1 - \frac{1}{\sigma}\right)\frac{2\emptyset}{1-\emptyset}\right]}{(1-b)\left[\mu\left(1 - \frac{1}{\sigma}\right)\frac{2\emptyset}{1-\emptyset} - b\right]}$，

等价于 $\emptyset > \frac{1}{2\sigma - 1}$ 且 $\frac{\frac{1}{2} - s_L}{s_K - \frac{1}{2}} > \frac{b}{1-b}$，以及 $\emptyset >$

$$\frac{b(1-b)(s_L-s_K)}{b(1-b)(s_L-s_K)+2(\mu-b)\left[(1-b)\left(s_L-\frac{1}{2}\right)+b\left(s_K-\frac{1}{2}\right)\right]}, \text{即} \frac{\frac{1}{2}-s_L}{s_K-\frac{1}{2}} > \frac{b}{1-b}$$

以及

$$\emptyset > max\left\{\frac{1}{2\sigma-1}, \frac{b(1-b)(s_K-s_L)}{b(1-b)(s_K-s_L)+2(\mu-b)\left[(1-b)\left(\frac{1}{2}-s_L\right)+b\left(\frac{1}{2}-s_K\right)\right]}\right\}$$

(4.48)

这意味着，如果一国为资本大国却是人口小国，只有人口（资本）充分稀缺（丰富）且贸易开放度足够高时，该国可以成为 A 商品出口国。

将上述分析的结论汇总至表 4-1。

表 4-1 要素禀赋与 A 产品出口（$BP_A > 0$）条件

要素禀赋		$s_L > 1/2$		$s_L < 1/2$		$s_L = 1/2$
$s_K > 1/2$	$s_K > s_L$	进口	$\frac{\frac{1}{2}-s_L}{s_K-\frac{1}{2}} > \frac{b}{1-b}$		进口
	$s_L > s_K$	$\emptyset < min\left\{\frac{1}{2\sigma-1}, \emptyset^L\right\}$	且 $\emptyset > max\left\{\frac{1}{2\sigma-1}, \emptyset^L\right\}$		
$s_K < 1/2$	$\emptyset \leq \frac{1}{2\sigma-1}$ 或 $\emptyset > max\left\{\frac{1}{2\sigma-1}, \emptyset^L\right\}$		$s_K < s_L$	出口	出口
			$s_L < s_K$	$\emptyset > min\left\{\frac{1}{2\sigma-1}, \emptyset^L\right\}$	
$s_K = 1/2$	$\emptyset < \frac{1}{2\sigma-1}$		$\emptyset > \frac{1}{2\sigma-1}$		自给自足

这里，$\emptyset^L = \dfrac{b(1-b)(s_K-s_L)}{b(1-b)(s_K-s_L)+2(\mu-b)\left[(1-b)\left(\frac{1}{2}-s_L\right)+b\left(\frac{1}{2}-s_K\right)\right]}$

图 4.3 展示了不同的要素组合下，$\emptyset^L$ 和 $\dfrac{1}{2\sigma-1}$。

图 4.3 资源分布与临界贸易开放度 $\emptyset^L$

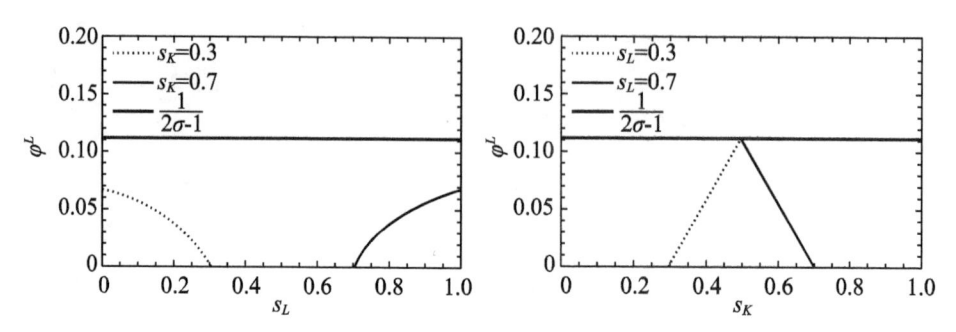

模拟参数：$\mu = 0.5$, $\sigma = 5$

当贸易开放度超过 $\emptyset^{CP}$ 时，两国形成了"核心—边缘"结构，假定北国为 M 部门的核心国，

$$L_A - D_A = E^W[b(1-\mu)(1-s_K) - \mu(1-b)(1-s_L)] \quad (4.49)$$

从而，$L_A - D_A < 0$ 等价于

$$\frac{1-s_K}{1-s_L} < \mu \quad \frac{1-b}{b(1-\mu)} > 1 \quad (4.50)$$

可以判断，只要小国的资本丰裕度不是特别高，那么大国就会成为 A 产品的进口国。事实上，这一条件即区域非专业化条件。

二、M 商品的贸易额和国际收支

对于北国而言，M 商品的消费额为 $D_M = \mu s_E E^W$。当贸易开放度低于 $\emptyset^{CP}$ 时，两国均包含 M 部门时，对本国所生产的 M 商品的支出 M_{NN} 为

$$\frac{\mu s_E E^W s_n}{s_n + \emptyset(1-s_n)} = \mu E^W \frac{s_n}{1+\emptyset} = \mu E^W \left\{ \frac{s_E}{1-\emptyset} - \frac{\emptyset}{1-\emptyset^2} \right\} \quad (4.51)$$

M 商品的进口额 M_{SN} 为

$$\frac{\mu s_E E^W \emptyset(1-s_n)}{s_n + \emptyset(1-s_n)} = \mu E^W \frac{\emptyset(1-s_n)}{1+\emptyset} = \mu E^W \left\{ \frac{\emptyset}{1-\emptyset^2} - \frac{\emptyset s_E}{1-\emptyset} \right\} \quad (4.52)$$

M 商品的出口额 M_{NS} 为

$$\frac{\mu(1-s_E) E^W \emptyset s_n}{\emptyset s_n + (1-s_n)} = \mu s_n E^W \frac{\emptyset}{1+\emptyset} = \mu E^W \left\{ \frac{\emptyset s_E}{1-\emptyset} - \frac{\emptyset^2}{1-\emptyset^2} \right\} \quad (4.53)$$

南国本国消费额 M_{SS} 为

$$\frac{\mu(1-s_E)E^W(1-s_n)}{\emptyset s_n+(1-s_n)}=\mu E^W\frac{(1-s_n)}{1+\emptyset}=\mu E^W\left\{\frac{1}{1-\emptyset^2}-\frac{s_E}{1-\emptyset}\right\} \quad (4.54)$$

首先，令北国 M 商品的当地贸易额 M_{NN} 对贸易开放度 $\emptyset$ 求导，可以得到

$$\frac{\partial M_{NN}}{\partial \emptyset}=\mu E^W\frac{s_E(1+\emptyset)^2-(1+\emptyset^2)}{(1-\emptyset^2)^2} \quad (4.55)$$

根据上式可以判断，当 $s_E>(1+\emptyset^2)/(1+\emptyset)^2$ 时，M_{NN} 随着贸易开放而增加；当 $s_E<(1+\emptyset^2)/(1+\emptyset)^2$ 时，M_{NN} 随着贸易开放而减少。

其次，令南国 M 商品的当地贸易额 M_{SS} 对贸易开放度 $\emptyset$ 求导，可以得到

$$\frac{\partial M_{SS}}{\partial \emptyset}=\mu E^W\frac{2\emptyset-s_E(1+\emptyset)^2}{(1-\emptyset^2)^2} \quad (4.56)$$

根据上式可以判断，当 $s_E<2\emptyset/(1+\emptyset)^2$ 时，M_{SS} 随着贸易开放而增加；当 $s_E>2\emptyset/(1+\emptyset)^2$ 时，M_{SS} 随着贸易开放而减少。

再次，令北国 M 商品的进口额对贸易开放度 $\emptyset$ 求导，可以得到

$$\frac{\partial M_{SN}}{\partial \emptyset}=\mu E^W\frac{1+\emptyset^2-s_E(1+\emptyset)^2}{(1-\emptyset^2)^2} \quad (4.57)$$

根据上式可以判断，当 $s_E<(1+\emptyset^2)/(1+\emptyset)^2$ 时，M_{SN} 随着贸易开放而增加；当 $s_E>(1+\emptyset^2)/(1+\emptyset)^2$ 时，M_{SN} 随着贸易开放而减少。

最后，令北国 M 商品的出口额对贸易开放度 $\emptyset$ 求导，可以得到

$$\frac{\partial M_{NS}}{\partial \emptyset}=\mu E^W\frac{s_E(1+\emptyset)^2-2\emptyset}{(1-\emptyset^2)^2} \quad (4.58)$$

根据上式可以判断，当 $s_E>2\emptyset/(1+\emptyset)^2$ 时，M_{NS} 随着贸易开放而增加；当 $s_E<2\emptyset/(1+\emptyset)^2$ 时，M_{NS} 随着贸易开放而减少。

综上，贸易开放对于各部分贸易额的影响，取决于支出份额的两个节点，$2\emptyset/(1+\emptyset)^2$ 和 $(1+\emptyset^2)/(1+\emptyset)^2$。图4.4展示了这两个临界点与贸易开放度的关系。

M 商品的双边贸易总额等于 $M_{NS}+M_{SN}=\mu E^W\dfrac{\emptyset}{(1+\emptyset)}$，显然，随着经济

图 4.4 支出份额临界值

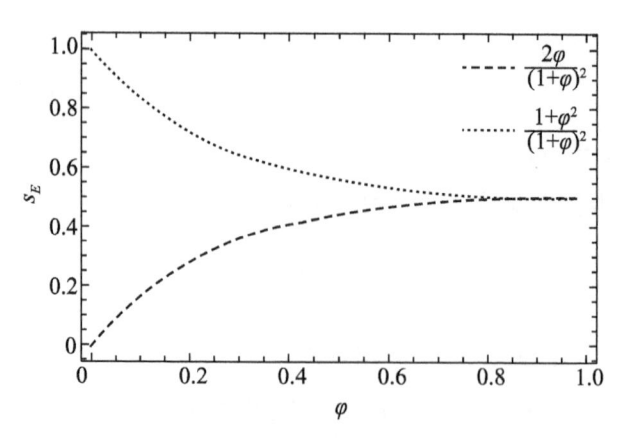

规模和贸易开放而增加。

对于北国，M 产业的贸易顺差 $BP_M = M_{NS} - M_{SN} = 2\mu E^W \dfrac{\emptyset(s_E - 1/2)}{1 - \emptyset}$，显然，市场规模较大的国家能够实现 M 产业的贸易顺差，且顺差额随着贸易开放而增加。

表 4-2 汇总了上述分析的结论。

表 4-2 贸易开放度、市场份额与 M 产品的各贸易额

$\partial(\cdot)/(\partial\emptyset)$	> 0	< 0
M_{NN}	$s_E > (1 + \emptyset^2)/(1 + \emptyset)^2$	$s_E < (1 + \emptyset^2)/(1 + \emptyset)^2$
M_{SN}	$s_E < (1 + \emptyset^2)/(1 + \emptyset)^2$	$s_E > (1 + \emptyset^2)/(1 + \emptyset)^2$
M_{NS}	$s_E > 2\emptyset/(1 + \emptyset)^2$	$s_E < 2\emptyset/(1 + \emptyset)^2$
M_{SS}	$s_E < 2\emptyset/(1 + \emptyset)^2$	$s_E > 2\emptyset/(1 + \emptyset)^2$
$M_{NS} + M_{SN}$	恒成立	不成立
$M_{NS} - M_{SN}$	$s_E > 1/2$	$s_E < 1/2$

当贸易开放度达到 $\emptyset^{CP}$ 时，那大国（仍假定为北国）为 M 部门的"核心区"，$s_n = 1$。从而，贸易额的各部分分别为：

$$M_{NN} = \frac{\mu E^W}{1 + \emptyset}, \quad M_{SN} = 0, \quad M_{NS} = \emptyset/(1 + \emptyset)\mu E^W, \quad M_{SS} = 0 \qquad (4.59)$$

三、商品贸易总额和国际收支

将 A 商品和 M 商品的贸易额相加，就可以得到两国之间所有商品的双边贸易额，其中 A 商品只有单向贸易，而 M 商品存在产业内贸易。首先，在两国并未形成"核心—边缘"结构时，判断北国商品贸易总额 BP 为顺差的条件。

$$BP = BP_A + BP_M = bE^W \left\{ (1-b)\left(s_L - \frac{1}{2}\right) \frac{1+\emptyset}{1-\emptyset} - \left(1 - b\frac{1+\emptyset}{1-\emptyset}\right)\left(s_K - \frac{1}{2}\right) \right\} \tag{4.60}$$

显然，当两个国家完全对称，即 $s_L = 1/2$ 且 $s_K = 1/2$ 时，$BP = 0$，两个国家的所有商品均自给自足，不存在国际贸易。我们进一步探讨，两国的人口或者资本禀赋至少有一方面不相等的情况。

(1) $s_L = 1/2$

$$BP = bE^W \left(1 - b\frac{1+\emptyset}{1-\emptyset}\right)\left(\frac{1}{2} - s_K\right) \tag{4.61}$$

那么，①当 $s_K > 1/2$ 时，$BP > 0$ 的条件为：$1 - b\frac{1+\emptyset}{1-\emptyset} < 0$，即 $\emptyset > \frac{1-b}{1+b}$。②当 $s_K < 1/2$ 时，$BP > 0$ 的条件为：$1 - b\frac{1+\emptyset}{1-\emptyset} > 0$，即 $\emptyset < \frac{1-b}{1+b}$。根据式 (4.42) 可以知道，商品贸易顺差（逆差）额随着两国资本禀赋差异的加大而扩大。而且，贸易开放度存在一个临界值 $\frac{1-b}{1+b}$；当 $\emptyset < \frac{1-b}{1+b}$ 时，商品贸易顺差（逆差）额随着贸易开放度的提高而缩小；当 $\emptyset > \frac{1-b}{1+b}$ 时，商品贸易顺差（逆差）额随着贸易开放度的提高而扩大。

(2) $s_K = 1/2$

$$BP = bE^W(1-b)\left(s_L - \frac{1}{2}\right)\frac{1+\emptyset}{1-\emptyset} \tag{4.62}$$

从中可见，$BP > 0$ 的条件为 $s_L > 1/2$，并且显然有 $\frac{\partial |BP|}{\partial \emptyset} > 0$。这意味

着，一个国家如果资本禀赋不居于劣势，那么只有人口禀赋有优势，才能够实现贸易顺差；商品贸易顺差（逆差）额随着贸易开放而增加。

(3) $s_L > 1/2$ 且 $s_K > 1/2$

根据式（4.60）可以判断，此时有 $\partial BP/\partial \emptyset > 0$，$\partial BP/\partial s_L > 0$。如果要 $BP > 0$，就要求 $\dfrac{s_K - \dfrac{1}{2}}{s_L - \dfrac{1}{2}} < \dfrac{(1-b)\dfrac{1+\emptyset}{1-\emptyset}}{1 - b\dfrac{1+\emptyset}{1-\emptyset}}$，即

$$\emptyset > \frac{(1-b)(s_K - s_L)}{(1-b)\left(s_L - \dfrac{1}{2}\right) + (1+b)\left(s_K - \dfrac{1}{2}\right)} \tag{4.63}$$

观察式（4.63）可以发现，如果 $s_L > s_K$，则式（4.63）的右侧为负数，即在任何贸易开放度下，式（4.63）均成立。这意味着，如果一国的人口和资本禀赋均大于另一国，当大国（小国）的资本丰裕度①较低（较高）时，大国（小国）必定成为商品贸易顺差（逆差）国。当大国（小国）的资本丰裕度较高（较低）时，只有贸易开放度足够高，大国（小国）才可以成为商品贸易顺差（逆差）国；反之，贸易开放度不够高时，大国（小国）则成为商品贸易逆差（顺差）国。大国的商品贸易顺差额随着人口的增加以及贸易开放而增加。

(4) $s_L < 1/2$ 且 $s_K < 1/2$

同样，根据式（4.60）可以判断，此时有 $\partial BP/\partial \emptyset < 0$，$\partial BP/\partial s_L > 0$。如果要 $BP > 0$，就要求 $1 - b\dfrac{1+\emptyset}{1-\emptyset} > 0$ 且 $\dfrac{\dfrac{1}{2} - s_K}{\dfrac{1}{2} - s_L} < \dfrac{(1-b)\dfrac{1+\emptyset}{1-\emptyset}}{1 - b\dfrac{1+\emptyset}{1-\emptyset}}$，即

$$\frac{1-b}{1+b} > \emptyset > \frac{(1-b)(s_L - s_k)}{(1-b)\left(\dfrac{1}{2} - s_L\right) + (1+b)\left(\dfrac{1}{2} - s_K\right)} \tag{4.64}$$

---

① 以人均资本，即资本—劳动比，作为度量。

观察式（4.64）可以发现，如果 $s_L < s_K$，则式（4.63）最右侧的式子为负数，即在任何贸易开放度下，式（4.63）最右侧的大于号均成立。这意味着，如果一国的人口和资本禀赋均小于另一国，当小国（大国）的资本丰裕度较高（较低）且贸易开放度足够低时，小国（大国）可以成为商品贸易顺差（逆差）国。当小国（大国）的资本丰裕度较低（较高）时，只有贸易开放度居于适中水平，小国（大国）才可以成为商品贸易顺差（逆差）国；反之，贸易开放度较高或较低时，小国（大国）均成为商品贸易逆差（顺差）国。小国的商品贸易顺差额随着人口的增加以及贸易开放度的降低而增加。

(5) $s_L > 1/2 > s_K$

如果要 $BP > 0$，就要求① $1 - b\dfrac{1+\emptyset}{1-\emptyset} \geq 0$，即 $\emptyset \leq \dfrac{1-b}{1+b}$；或者

② $1 - b\dfrac{1+\emptyset}{1-\emptyset} < 0$ 且 $\dfrac{\dfrac{1}{2} - s_K}{s_L - \dfrac{1}{2}} < \dfrac{(1-b)\dfrac{1+\emptyset}{1-\emptyset}}{b\dfrac{1+\emptyset}{1-\emptyset} - 1}$，

即 $\emptyset > max\left\{\dfrac{1-b}{1+b}, \dfrac{(1-b)(s_L - s_K)}{(1+b)\left(\dfrac{1}{2} - s_K\right) - (1-b)\left(s_L - \dfrac{1}{2}\right)}\right\}$。

进一步分解，可以得到，如果 $\dfrac{(1-b)(s_L - s_K)}{(1+b)\left(\dfrac{1}{2} - s_K\right) - (1-b)\left(s_L - \dfrac{1}{2}\right)} \leq \dfrac{1-b}{1+b}$，则在任何贸易开放度下均有 $BP > 0$；

如果 $\dfrac{(1-b)(s_L - s_K)}{(1+b)\left(\dfrac{1}{2} - s_K\right) - (1-b)\left(s_L - \dfrac{1}{2}\right)} > \dfrac{1-b}{1+b}$，则 $BP > 0$ 的条件为：

$$\emptyset \leq \dfrac{1-b}{1+b} \text{ 或 } \emptyset > \dfrac{(1-b)(s_L - s_K)}{(1+b)\left(\dfrac{1}{2} - s_K\right) - (1-b)\left(s_L - \dfrac{1}{2}\right)}$$

容易判断，$\dfrac{(1-b)(s_L-s_K)}{(1+b)\left(\dfrac{1}{2}-s_K\right)-(1-b)\left(s_L-\dfrac{1}{2}\right)} > \dfrac{1-b}{1+b}$ 等价于 $\dfrac{\dfrac{1}{2}-s_K}{s_L-\dfrac{1}{2}}$

$> \dfrac{1-b}{1+b}$。重新整理上述的结论可以得到 $BP > 0$ 的条件为：

$$① \dfrac{\dfrac{1}{2}-s_K}{s_L-\dfrac{1}{2}} \leqslant \dfrac{1-b}{1+b} ; \quad ② \dfrac{\dfrac{1}{2}-s_K}{s_L-\dfrac{1}{2}} > \dfrac{1-b}{1+b} \text{ 且}$$

$$\emptyset \notin \left(\dfrac{1-b}{1+b}, \dfrac{(1-b)(s_L-s_K)}{(1+b)\left(\dfrac{1}{2}-s_K\right)-(1-b)\left(s_L-\dfrac{1}{2}\right)}\right) \quad (4.65)$$

$\dfrac{\dfrac{1}{2}-s_K}{s_L-\dfrac{1}{2}} \leqslant \dfrac{1-b}{1+b}$ 又可以书写为 $s_L - \dfrac{1}{2} \geqslant \dfrac{1+b}{1-b}\left(\dfrac{1}{2}-s_K\right)$ 或 $\dfrac{1}{2}-s_K \leqslant$

$\dfrac{1-b}{1+b}\left(s_L-\dfrac{1}{2}\right)$，即该国的人口份额足够大或资本份额足够小。

这意味着，如果一国为人口大国却是资本小国，如果人口（资本）份额充分大（小），则必然是商品贸易顺差国。反之，在贸易开放度的一个适中水平上为商品贸易逆差国；而当贸易开放度足够低或者足够高时，该国则是商品贸易顺差国。

(6) $s_K > 1/2 > s_L$

如果要 $BP > 0$，就要求 $1 - b\dfrac{1+\emptyset}{1-\emptyset} < 0$ 且 $\dfrac{s_K-\dfrac{1}{2}}{\dfrac{1}{2}-s_L} > \dfrac{(1-b)\dfrac{1+\emptyset}{1-\emptyset}}{b\dfrac{1+\emptyset}{1-\emptyset}-1}$，即

$$\dfrac{s_K-\dfrac{1}{2}}{\dfrac{1}{2}-s_L} > \dfrac{1-b}{1+b} \text{ 以及 } \dfrac{1-b}{1+b} < \emptyset < \dfrac{(1-b)(s_K-s_L)}{(1+b)\left(s_K-\dfrac{1}{2}\right)-(1-b)\left(\dfrac{1}{2}-s_L\right)} \quad (4.66)$$

$\dfrac{s_K - \dfrac{1}{2}}{\dfrac{1}{2} - s_L} > \dfrac{1-b}{1+b}$ 又可以书写为 $\dfrac{1}{2} - s_L < \dfrac{1+b}{1-b}\left(s_K - \dfrac{1}{2}\right)$ 或 $s_K - \dfrac{1}{2} > \dfrac{1-b}{1+b}\left(\dfrac{1}{2} - s_L\right)$，即该国的资本份额足够大或人口份额足够小。

这意味着，如果一国为人口小国却是资本大国，如果资本（人口）份额充分大（小），则在贸易开放度的一个适中水平时，该国可能为商品贸易顺差国。反之，该国一定是商品贸易逆差国。

将上述分析的结论汇总至表 4-3。

表 4-3　要素禀赋与商品贸易顺差条件

要素禀赋		$s_L > 1/2$		$s_L < 1/2$	$s_L = 1/2$
$s_K > 1/2$	$s_K < s_L$	顺差		$\dfrac{s_K - \dfrac{1}{2}}{\dfrac{1}{2} - s_L} > \dfrac{1-b}{1+b}$ 且 $\dfrac{1-b}{1+b} < \emptyset < \emptyset^W$	$\emptyset > \dfrac{1-b}{1+b}$
	$s_L < s_K$	$\emptyset > \emptyset^W$			
$s_K < 1/2$	$\dfrac{\dfrac{1}{2} - s_K}{s_L - \dfrac{1}{2}} \leqslant \dfrac{1-b}{1+b}$ 或 $\dfrac{\dfrac{1}{2} - s_K}{s_L - \dfrac{1}{2}} > \dfrac{1-b}{1+b}$ 且 $\emptyset \notin \left(\dfrac{1-b}{1+b}, \emptyset^W\right)$		$s_K < s_L$	顺差	$\emptyset < \dfrac{1-b}{1+b}$
			$s_L < s_K$	$\dfrac{1-b}{1+b} > \emptyset > \emptyset^W$	
$s_K = 1/2$	顺差		逆差		自给自足

这里，$\emptyset^W = \dfrac{(1-b)(s_K - s_L)}{(1+b)\left(s_K - \dfrac{1}{2}\right) + (1-b)\left(s_L - \dfrac{1}{2}\right)}$。

图 4.5 展示了不同的要素组合下临界贸易开放度 $\emptyset^W$ 和 $\dfrac{1-b}{1+b}$。

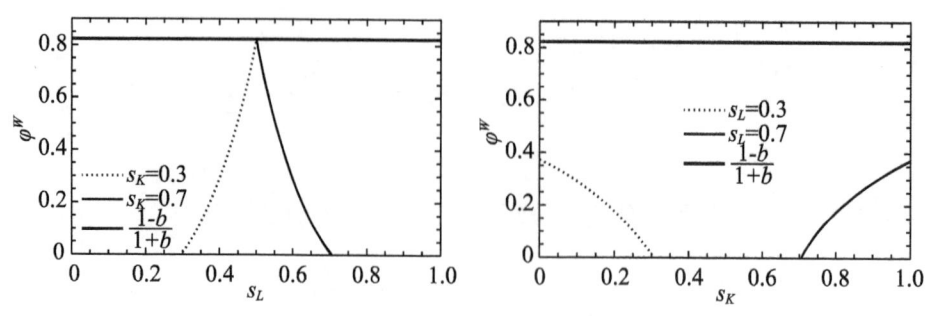

图 4.5　资源分布与临界贸易开放度 $\emptyset^W$

模拟参数：$\mu = 0.5$, $\sigma = 5$

当贸易开放度超过 $\emptyset^{CP}$ 时，两国形成了"核心—边缘"结构，假定北国为 M 部门的核心国：

$$BP = L^W s_L - (\mu - b) E^W - (1 - \mu) E^W s_E + \mu E^W \frac{\emptyset^{CP}}{1 + \emptyset^{CP}} = b(1 - s_K) E^W$$

(4.67)

四、投资收益的国际收支

前文分析了商品贸易的规模和流向，展示了货物贸易的国际收支。在 FC 模型中，并不存在人口的跨国流动，但是资本要素存在跨国流动。我们将分析资本收益的流向和规模。

继续以北国为分析对象，北国拥有的资本为 $s_K K^W$，使用的资本为 $s_n K^W$，从而北国的资本净收益 $BP_K = r K^W (s_K - s_n)$：

$$BP_K = b E^W \left\{ \left(1 - b \frac{1 + \emptyset}{1 - \emptyset}\right) \left(s_K - \frac{1}{2}\right) - \frac{1 + \emptyset}{1 - \emptyset} (1 - b) \left(s_L - \frac{1}{2}\right) \right\} \quad (4.68)$$

显然，资本净收益与商品贸易顺差额之和为 0，即 $BP_K + BP = 0$。

当贸易开放度超过 $\emptyset^{CP}$ 时，两国形成了"核心—边缘"结构，假定北国为 M 部门的核心国，北国资本的资本净收益：

$$BP_K = b E^W (s_K - 1) \quad (4.69)$$

五、金融项目的国际收支

截至目前，我们在均衡状态下，对经常项目国际收支（商品贸易和投资收益）的规模和流向进行了分析。在均衡状态下，资本的跨国流动已经停止，从而不会形成投资和金融项目的国际收支。而如果经济发生外生的冲击，如一国的要素禀赋或贸易开放度发生了变化等，在新的均衡未实现之前①，资本将会进行跨国流动。

在 FC 模型中探讨金融项目的国际收支问题，就需要对模型进行动态化处理，这超出了本书的研究范畴，因此理论研究部分不再涉及金融项目的国际收支问题。

第三节 多国框架下的国内外贸易额和国际收支

一、所有国家均有 M 部门

我们将前文的分析拓展至多国的情况，依旧考虑有 R 个国家。将各国的支出份额进行排序，假设 $s_E^1 \geqslant s_E^2 \geqslant \cdots\cdots \geqslant s_E^i \geqslant \cdots\cdots \geqslant s_E^R$。并且，假定贸易开放度正好处于 R 个国家都有 M 部门，即 $\phi < \phi^R$，这里

$$\phi^R = \frac{s_E^R}{1-(R-1)s_E^R} \tag{4.70}$$

i 国拥有的 M 产业份额为：

$$s_n^i - \frac{1}{R} = \left(1 + \frac{\phi R}{1-\phi}\right)\left(s_E^i - \frac{1}{R}\right) \tag{4.71}$$

（一）A 产品的贸易

对于 i 国而言，A 商品的消费量（需求量）$D_A^i = (1-\mu)E^i$，而 A 商品的产量（供给量）为 L_A^i，这里 L_A^i 表示 i 国 A 部门劳动力的数量。可以计算得到

$$L_A^i = L^i - \mu(1-1/\sigma)s_n^i E^W \tag{4.72}$$

如果 $L_A^i > D_A^i$，那么 A 商品的消费量均由 i 国本国的产量供应，从而 A 商品在 i 国本地的交易额为 D_A^i；剩余的 A 商品 $L_A^i - D_A^i$ 部分将出口至外国。如果

---

① 在模型分析中，可以将这一时期称为短期，而将实现均衡的情况称为长期。

$L_A^i = D_A^i$，那么 A 商品在 i 国恰好能实现自给自足，在 i 国不存在 A 商品的双边贸易。如果 $L_A^i < D_A^i$，那么 A 商品的消费量无法完全由 i 国本国产量供应，从而 A 商品在 i 国本地的交易额为 L_A^i；剩余的 A 商品消费量 $D_A^i - L_A^i$ 部分将由外国进口。

对于 i 国而言，A 商品的贸易顺差 BP_A^i：

$$BP_A^i = E^W \left\{ (1-b) \left[b - (\mu - b) \frac{R\emptyset}{1-\emptyset} \right] \left(s_L^i - \frac{1}{R} \right) - b \left[(1-b) + (\mu - b) \frac{R\emptyset}{1-\emptyset} \right] \left(s_K^i - \frac{1}{R} \right) \right\} \quad (4.73)$$

此时，当 i 国所有要素禀赋恰好处于世界平均水平，即 $s_L^i = s_K^i = 1/R$ 时，$BP_A^i = 0$，i 国的 A 商品能自给自足，i 国不存在 A 商品的对外贸易。而如果 i 国只是人口或者资本禀赋某一方面处于世界平均水平，可以看到：

（1）$s_L^i = 1/R$

$$BP_A^i = E^W b \left[(1-b) + (\mu - b) \frac{R\emptyset}{1-\emptyset} \right] \left(\frac{1}{R} - s_K^i \right) \quad (4.74)$$

从而，当 $s_K^i > 1/R$ 时，$BP_A^i < 0$，此时 i 国出口 A 商品；反之，当 $s_K^i < 1/R$ 时，$BP_A^i > 0$，此时 i 国进口 A 商品。根据式（4.74）可以知道，i 国 A 商品的双边贸易额随着 i 国资本禀赋与各国平均值之间差异的加大和贸易开放度的提高而扩大。

（2）$s_K^i = 1/R$

$$BP_A^i = E_W (1-b) \left[b - (\mu - b) \frac{R\emptyset}{1-\emptyset} \right] \left(s_L^i - \frac{1}{R} \right) \quad (4.75)$$

从而，$BP_A^i > 0$ 的条件为：① $s_L^i > \frac{1}{R}$ 时，$b - (\mu - b) \frac{R\emptyset}{1-\emptyset} > 0$，即 $\emptyset < \frac{1}{R\sigma - R + 1}$；此时，$\frac{\partial |BP_A^i|}{\partial \left| s_L^i - \frac{1}{R} \right|} > 0$、$\frac{\partial |BP_A^i|}{\partial \emptyset} < 0$、$\frac{\partial |BP_A^i|}{\partial R} < 0$，这意味着，$i$ 国 A 商品贸易额随着 i 国人口禀赋与各国平均值之间差异的加大、贸易开放度的降低以及国家数量的减少而扩大，② $s_L^i < \frac{1}{R}$ 时，$b - (\mu - b) \frac{R\emptyset}{1-\emptyset} <$

0，即 $Ø > \dfrac{1}{R\sigma - R + 1}$；此时，$\dfrac{\partial |BP_A^i|}{\partial \left| s_L^i - \dfrac{1}{R} \right|} > 0$、$\dfrac{\partial |BP_A^i|}{\partial Ø} > 0$、$\dfrac{\partial |BP_A^i|}{\partial R} > 0$，这意味着，$i$ 国 A 商品贸易额随着 i 国人口禀赋与各国平均值之间差异的加大和贸易开放度的提高以及国家数量的增加而扩大。此时 i 国出口 A 商品。反之，当① $s_L^i > \dfrac{1}{R}$ 时，$Ø > \dfrac{1}{R\sigma - R + 1}$；或者② $s_L^i < \dfrac{1}{R}$ 时，$Ø < \dfrac{1}{R\sigma - R + 1}$，此时 i 国进口 A 商品。

可以看到，当 i 国拥有世界平均水平的资本禀赋时，无论 i 国是人口大国还是人口小国，均有可能成为 A 商品的出口国。其分界点为贸易自由度 $Ø = \dfrac{1}{R\sigma - R + 1}$。

(3) $s_L^i > 1/R$ 且 $s_K^i > 1/R$

$BP_A^i > 0$ 的条件为 $b > (\mu - b) \dfrac{RØ}{1 - Ø}$ 且 $\dfrac{s_L^i - \dfrac{1}{R}}{s_K^i - \dfrac{1}{R}} > \dfrac{b\left[(1-b) + (\mu - b)\dfrac{RØ}{1-Ø}\right]}{1 - b\left[b - (\mu - b)\dfrac{RØ}{1-Ø}\right]}$，

$b > (\mu - b) \dfrac{RØ}{1 - Ø}$ 等价于 $Ø < \dfrac{1}{R\sigma - R + 1}$；$\dfrac{s_L^i - \dfrac{1}{R}}{s_K^i - \dfrac{1}{R}} > \dfrac{b\left[(1-b) + (\mu - b)\dfrac{RØ}{1-Ø}\right]}{(1-b)\left[b - (\mu - b)\dfrac{RØ}{1-Ø}\right]}$

等价于 $\dfrac{RØ}{1-Ø} < \dfrac{b(1-b)(s_L^i - s_K^i)}{(\mu - b)\left[(1-b)\left(s_L^i - \dfrac{1}{R}\right) + b\left(s_K^i - \dfrac{1}{R}\right)\right]}$，从而要求 $s_L^i > s_K^i$，即 $s_L^i > s_K^i > \dfrac{1}{R}$；此时，

$$Ø < \min\left\{\dfrac{1}{R\sigma - R + 1}, \dfrac{b(1-b)(s_L^i - s_K^i)}{b(1-b)(s_L^i - s_K^i) + R(\mu - b)\left[(1-b)\left(s_L^i - \dfrac{1}{R}\right) + b\left(s_K^i - \dfrac{1}{R}\right)\right]}\right\}$$

(4.76)

这意味着，当一国的人口和资本禀赋均大于世界平均水平时，如果该国的人口禀赋高于资本禀赋，当贸易开放度足够低时，该国可能成为 A 商品出

口国。

(4) $s_L^i < 1/R$ 且 $s_K^i < 1/R$

$BP_A^i > 0$ 的条件为：① $b \leqslant (\mu - b)\dfrac{R\emptyset}{1-\emptyset}$，即 $\emptyset \geqslant \dfrac{1}{R\sigma - R + 1}$。这意味着，当一国的人口和资本均为小国时，如果贸易开放度足够高时，该国可以成为 A 商品出口国。

或者② $b > (\mu - b)\dfrac{R\emptyset}{1-\emptyset}$ 且 $\dfrac{\dfrac{1}{R} - s_L^i}{\dfrac{1}{R} - s_K^i} < \dfrac{b\left[(1-b)+(\mu-b)\dfrac{R\emptyset}{1-\emptyset}\right]}{(1-b)\left[b-(\mu-b)\dfrac{R\emptyset}{1-\emptyset}\right]}$。

即：$\emptyset < \dfrac{1}{R\sigma - R + 1}$，且：

$$\emptyset > \dfrac{b(1-b)(s_K^i - s_L^i)}{b(1-b)(s_K^i - s_L^i) + R(\mu - b)\left[(1-b)\left(\dfrac{1}{R} - s_L^i\right) + b\left(\dfrac{1}{R} - s_K^i\right)\right]}$$
(4.77)

进一步分解，①如果 $s_K^i < s_L^i < \dfrac{1}{R}$，则式（4.77）必然能满足；②如果 $s_L^i < s_K^i < \dfrac{1}{R}$，只要满足 $\emptyset < \dfrac{1}{R\sigma - R + 1}$；综合上述的分析可知，只要 $s_K^i < s_L^i < \dfrac{1}{R}$，则必然有 $BP_A^i > 0$。这就意味着，当一国的人口和资本均为小国且资本（人口）相对稀缺（丰富）时，该国可以成为 A 商品出口国。

(5) $s_L^i > 1/R > s_K^i$

$BP_A^i > 0$ 的条件为：① $b \geqslant (\mu - b)\dfrac{R\emptyset}{1-\emptyset}$，即 $\emptyset \leqslant \dfrac{1}{R\sigma - R + 1}$；

或者② $b < (\mu - b)\dfrac{R\emptyset}{1-\emptyset}$ 且 $\dfrac{s_L^i - \dfrac{1}{R}}{\dfrac{1}{R} - s_K^i} < \dfrac{b\left[(1-b)+(\mu-b)\dfrac{R\emptyset}{1-\emptyset}\right]}{(1-b)\left[(\mu-b)\dfrac{R\emptyset}{1-\emptyset} - b\right]}$，

即 $\emptyset > max\left\{\dfrac{1}{R\sigma-R+1}, \dfrac{b(1-b)(s_K^i-s_L^i)}{b(1-b)(s_K^i-s_L^i)+R(\mu-b)\left[(1-b)\left(\dfrac{1}{R}-s_L^i\right)+b\left(\dfrac{1}{R}-s_K^i\right)\right]}\right\}$

这意味着，如果一国为人口大国却是资本小国，当贸易开放度足够低或者足够高时，该国可以成为 A 商品出口国。

(6) $s_K^i > 1/R > s_L^i$

这就要求 $b < (\mu-b)\dfrac{R\emptyset}{1-\emptyset}$ 且 $\dfrac{\dfrac{1}{R}-s_L^i}{s_K^i-\dfrac{1}{R}} > \dfrac{b\left[(1-b)+(\mu-b)\dfrac{R\emptyset}{1-\emptyset}\right]}{(1-b)\left[(\mu-b)\dfrac{R\emptyset}{1-\emptyset}-b\right]}$,

等价于 $\emptyset > \dfrac{1}{R\sigma-R+1}$ 且 $\dfrac{\dfrac{1}{R}-s_L^i}{s_K^i-\dfrac{1}{R}} > \dfrac{b}{1-b}$,

以及 $\emptyset > \dfrac{b(1-b)(s_K^i-s_L^i)}{b(1-b)(s_K^i-s_L^i)+R(\mu-b)\left[(1-b)\left(\dfrac{1}{R}-s_L^i\right)+b\left(\dfrac{1}{R}-s_K^i\right)\right]}$, 即：

$\dfrac{\dfrac{1}{R}-s_L^i}{s_K^i-\dfrac{1}{R}} > \dfrac{b}{1-b}$ 以及 $\emptyset > max$

$\left\{\dfrac{1}{R\sigma-R+1}, \dfrac{b(1-b)(s_K^i-s_L^i)}{b(1-b)(s_K^i-s_L^i)+R(\mu-b)\left[(1-b)\left(\dfrac{1}{R}-s_L^i\right)+b\left(\dfrac{1}{R}-s_K^i\right)\right]}\right\}$

这意味着，如果一国为资本大国却是人口小国，只有资本丰裕度足够高且贸易开放度足够高时，该国才可以成为 A 商品出口国。

将上述分析的结论汇总至表 4-4。

表4-4 要素禀赋与 A 产品出口条件（R 国均拥有 M 产业）

要素禀赋		$s_L^i > 1/R$	$s_L^i < 1/R$		$s_L^i = 1/R$
$s_K^i > 1/R$	$s_K^i > s_L^i$	进口	$\dfrac{\dfrac{1}{R} - s_L^i}{s_K^i - \dfrac{1}{R}} > \dfrac{b}{1-b}$ 且		进口
	$s_L^i > s_K^i$	$\emptyset < min \left\{ \dfrac{1}{R\sigma - R + 1}, \emptyset^{AR} \right\}$	$\emptyset > max \left\{ \dfrac{1}{R\sigma - R + 1}, \emptyset^{AR} \right\}$		
$s_K^i < 1/R$		$\emptyset \leq \dfrac{1}{R\sigma - R + 1}$ 或 $\emptyset > max \left\{ \dfrac{1}{R\sigma - R + 1}, \emptyset^{AR} \right\}$	$s_L^i > s_K^i$	出口	出口
			$s_K^i > s_L^i$	$\emptyset > min \left\{ \dfrac{1}{R\sigma - R + 1}, \emptyset^{AR} \right\}$	
$s_K^i = 1/R$		$\emptyset < \dfrac{1}{R\sigma - R + 1}$	$\emptyset > \dfrac{1}{R\sigma - R + 1}$		自给自足

这里，$\emptyset^{AR} = \dfrac{b(1-b)(s_K^i - s_L^i)}{b(1-b)(s_K^i - s_L^i) + R(\mu - b)\left[(1-b)\left(\dfrac{1}{R} - s_L^i\right) + b\left(\dfrac{1}{R} - s_K^i\right)\right]}$

（二）M 产品贸易

对于 i 国而言，M 商品的消费额为 $D_M^i = \mu s_E^i E^W$。其中，对 i 国所生产的 M 商品的支出 $M_{ii} = \dfrac{\mu s_E^i E^W s_n^i}{s_n^i + \emptyset(1 - s_n^i)} = \mu E^W \left\{ \dfrac{s_E^i}{1 - \emptyset} - \dfrac{\emptyset}{(1 - \emptyset)[1 + (R-1)\emptyset]} \right\}$，

对 M 商品的进口额 $M_{oi} = \dfrac{\mu s_E^i E^W \emptyset(1 - s_n^i)}{s_n^i + \emptyset(1 - s_n^i)} = \mu E^W \left\{ \dfrac{\emptyset}{(1 - \emptyset)[1 + (R-1)\emptyset]} - \dfrac{\emptyset s_E^i}{1 - \emptyset} \right\}$，

M 商品的出口额 $M_{io} = \sum_{j \neq i}^{R} \dfrac{\mu s_E^j E^W \emptyset s_n^i}{s_n^j + \emptyset(1 - s_n^j)} = \mu E^W (R-1) \left\{ \dfrac{\emptyset s_E^i}{1 - \emptyset} - \dfrac{\emptyset^2}{1 - \emptyset [1 + (R-1)\emptyset]} \right\}$。

首先，令 i 国 M 商品的当地贸易额 M_{ii} 对贸易开放度 $\emptyset$ 求导，可以得到

$$\dfrac{\partial M_{ii}}{\partial \emptyset} = \mu E^W \left\{ \dfrac{s_E^i}{(1-\emptyset)^2} - \dfrac{1}{R}\left[\dfrac{1}{(1-\emptyset)} + \dfrac{R-1}{[1+(R-1)\emptyset]^2}\right] \right\} \quad (4.78)$$

根据上式可以判断，当 $s_E^i > \dfrac{1}{R}\left[1 + \dfrac{(R-1)(1-\emptyset)^2}{[1+(R-1)\emptyset]^2}\right]$ 时，M_{ii} 随着贸易

开放而增加；当 $s_E^i < \frac{1}{R}\left[1 + \frac{(R-1)(1-\emptyset)^2}{[1+(R-1)\emptyset]^2}\right]$ 时，M_{ii} 随着贸易开放而减少。

其次，令 i 国 M 商品的进口额 M_{oi} 对贸易开放度 $\emptyset$ 求导，可以得到：

$$\frac{\partial M_{oi}}{\partial \emptyset} = \mu E^W \left\{ \frac{1}{R}\left[\frac{1}{(1-\emptyset)^2} + \frac{R-1}{[1+(R-1)\emptyset]^2}\right] - \frac{s_E^i}{(1-\emptyset)^2} \right\} \quad (4.79)$$

根据上式可以判断，当 $s_E^i > \frac{1}{R}\left[1 + \frac{(R-1)(1-\emptyset)^2}{[1+(R-1)\emptyset]^2}\right]$ 时，M_{oi} 随着贸易开放而减少；当 $s_E^i < \frac{1}{R}\left[1 + \frac{(R-1)(1-\emptyset)^2}{[1+(R-1)\emptyset]^2}\right]$ 时，M_{oi} 随着贸易开放而增加。

最后，令 i 国 M 商品的出口额 M_{io} 对贸易开放度 $\emptyset$ 求导，可以得到：

$$\frac{\partial M_{io}}{\partial \emptyset} = \mu E^W (R-1) \left\{ \frac{s_E^i}{(1-\emptyset)^2} - \frac{1}{R}\left[\frac{1}{(1-\emptyset)^2} - \frac{1}{[1+(R-1)\emptyset]^2}\right] \right\}$$

$$(4.80)$$

根据上式可以判断，当 $s_E^i > \frac{1}{R}\left[1 - \frac{(1-\emptyset)^2}{[1+(R-1)\emptyset]^2}\right]$ 时，M_{io} 随着贸易开放而增加；当 $s_E^i < \frac{1}{R}\left[1 - \frac{(1-\emptyset)^2}{[1+(R-1)\emptyset]^2}\right]$ 时，M_{io} 随着贸易开放而减少。

综上，贸易开放对各部分贸易额的影响，取决于支出份额的两个节点，$\frac{1}{R}\left[1 - \frac{(1-\emptyset)^2}{[1+(R-1)\emptyset]^2}\right]$ 和 $\frac{1}{R}\left[1 + \frac{(R-1)(1-\emptyset)^2}{[1+(R-1)\emptyset]^2}\right]$。图 4.6 展示了这两个临界点与贸易开放度的关系。

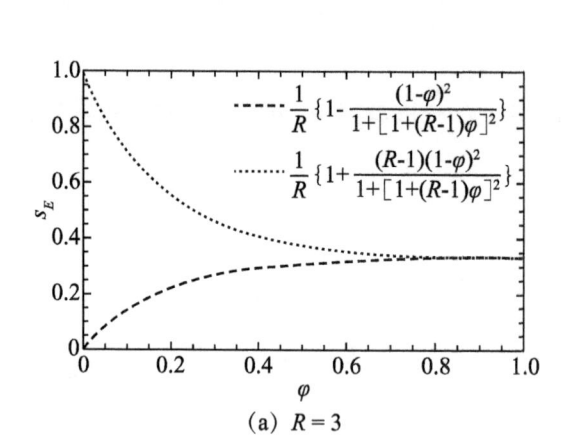

$$\frac{1}{R}\left\{1-\frac{(1-\varphi)^2}{1+[1+(R-1)\varphi]^2}\right\}$$

$$\frac{1}{R}\left\{1+\frac{(R-1)(1-\varphi)^2}{1+[1+(R-1)\varphi]^2}\right\}$$

(a) $R = 3$

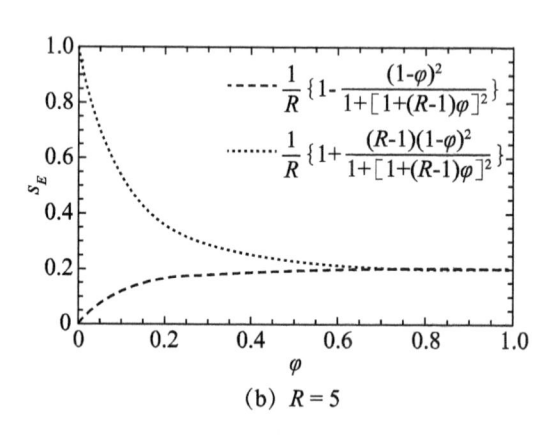

(b) $R = 5$

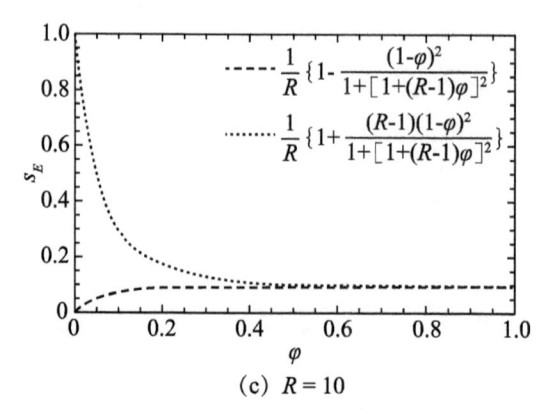

(c) $R = 10$

$$\frac{1}{R}\left\{1-\frac{(1-\varphi)^2}{1+[1+(R-1)\varphi]^2}\right\}$$

$$\frac{1}{R}\left\{1+\frac{(R-1)(1-\varphi)^2}{1+[1+(R-1)\varphi]^2}\right\}$$

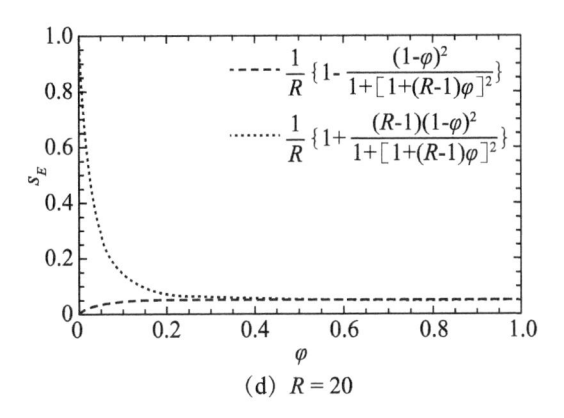

(d) $R = 20$

图 4.6 支出份额临界值

i 国 M 商品的双边贸易总额为 $M_{oi} + M_{io} = \mu E^W \dfrac{\emptyset}{1-\emptyset}\left[s_E^i(R-2) + \dfrac{1-(R-1)\emptyset}{1+(R-1)\emptyset}\right]$，对 i 国 M 商品的双边贸易总额求导，可以得到：

$$\partial \frac{(M_{oi}+M_{io})}{\partial s_E^i} = \frac{\emptyset \mu E^W}{1-\emptyset}(R-2) > 0$$

$$\partial \frac{(M_{oi}+M_{io})}{\partial R} = \frac{\emptyset \mu E^W}{1-\emptyset}\left\{s_E^i - \frac{2(R-1)}{[1+(R-1)\emptyset]^2}\right\}$$

$$\frac{\partial(M_{oi}+M_{io})}{\partial \emptyset} = \frac{\mu E^W}{(1-\emptyset)^2}\left\{s_E^i(R-2) - \frac{(R-1)^2 \emptyset^2 + 2\emptyset(1-\emptyset)(R-1) - 1}{[1+(R-1)\emptyset]^2}\right\}$$

(4.81)

显然，i 国 M 商品的双边贸易总额随着 i 国支出份额的扩大而增加。当 $s_E^i > \dfrac{2(R-1)}{[1+(R-1)\emptyset]^2}$ 时，随着国家数量的增加而增加；当 $s_E^i < \dfrac{2(R-1)}{[1+(R-1)\emptyset]^2}$ 时，随着国家数量的增加而减少。当 $s_E^i > \dfrac{(R-1)^2\emptyset^2 + 2\emptyset(1-\emptyset)(R-1) - 1}{(R-2)[1+(R-1)\emptyset]^2}$ 时，随着贸易开放而增加；当 $s_E^i < \dfrac{(R-1)^2\emptyset^2 + 2\emptyset(1-\emptyset)(R-1) - 1}{(R-2)[1+(R-1)\emptyset]^2}$ 时，随着贸易开放而降低。

把所有国家 M 部门的进口额或者出口额相加，就可以得到 M 部门的国际贸易总额，$\sum_{i=1}^{R} M_{io} = \sum_{i=1}^{R} M_{oi} = \mu E^W \dfrac{(R-1)\emptyset}{1+(R-1)\emptyset}$。显然，$M$ 部门的国际贸

易总额随着国家数量的增加和贸易开放而扩大。

i 国 M 产业的贸易顺差 $BP_M^i = M_{io} - M_{oi} = \mu E^W \dfrac{R\emptyset}{1-\emptyset}\left(s_E^i - \dfrac{1}{R}\right)$，显然，市场规模超过世界平均水平的国家能够实现 M 产业的贸易顺差，且顺差额随着国家数量和贸易开放而增加。

（三）商品贸易总额和国际收支

将 A 商品和 M 商品的贸易额相加，就可以得到商品贸易总额，其中 A 商品只有单边贸易，而 M 商品存在产业内贸易。判断 i 国商品贸易总额 BP^i 为顺差的条件。

$$BP^i = BP_A^i + BP_M^i = \\ bE^W\left\{(1-b)\dfrac{1+(R-1)\emptyset}{1-\emptyset}\left(s_L^i - \dfrac{1}{R}\right) - \left[1 - b\dfrac{1+(R-1)\emptyset}{1-\emptyset}\right]\left(s_K^i - \dfrac{1}{R}\right)\right\} \tag{4.82}$$

显然，当 i 国的两种要素均处于世界平均水平，即 $s_L^i = s_K^i = 1/R$ 时，$BP^i = 0$，i 国所有商品均能自给自足，不存在国际贸易。我们进一步探讨，i 国的人口或资本要素禀赋至少有一种偏离平均水平的情况。

（1）$s_L^i = 1/R$

$$BP = bE^W\left[1 - b\dfrac{1+(R-1)\emptyset}{1-\emptyset}\right]\left(\dfrac{1}{R} - s_K\right) \tag{4.83}$$

那么，①当 $s_K^i > 1/R$ 时，$BP > 0$ 的条件为：$1 - b\dfrac{1+(R-1)\emptyset}{1-\emptyset} < 0$，即 $\emptyset > \dfrac{1-b}{1+b(R-1)}$。②当 $s_K^i < 1/R$ 时，$BP^i > 0$ 的条件为：$1 - b\dfrac{1+(R-1)\emptyset}{1-\emptyset} > 0$，即 $\emptyset < \dfrac{1-b}{1+b(R-1)}$。根据式（4.83）可以知道，$i$ 国的顺差（逆差）额随着 i 国资本禀赋偏离世界平均水平的程度加大而扩大。而且，贸易开放度存在一个临界值 $\dfrac{1-b}{1+b(R-1)}$；当低于临界值时，i 国的顺差（逆差）额随着贸易开放度的提高而缩小；当超过临界值时，i 国的顺差（逆差）额随着贸易开放度的提高而扩大。

(2) $s_K^i = 1/R$

$$BP^i = bE^W(1-b)\left(s_L^i - \frac{1}{R}\right)\frac{1+(R-1)\emptyset}{1-\emptyset} \qquad (4.84)$$

显然，$BP^i > 0$ 的条件为 $s_L^i > 1/R$，并且有 $\frac{\partial |BP|}{\partial \emptyset} > 0$。这意味着，一个国家如果资本禀赋不低于世界平均水平，那么只要人口禀赋有优势，就能够实现贸易顺差；商品贸易顺差（逆差）额随着贸易开放而增加。

(3) $s_L^i > 1/R$ 且 $s_K^i > 1/R$

$BP^i > 0$ 要求 $\dfrac{s_K^i - \dfrac{1}{R}}{s_L^i - \dfrac{1}{R}} < \dfrac{(1-b)\dfrac{1+(R-1)\emptyset}{1-\emptyset}}{1-b\dfrac{1+(R-1)\emptyset}{1-\emptyset}}$，即

$$\emptyset > \frac{(1-b)(s_K^i - s_L^i)}{(1-b)(R-1)\left(s_L^i - \dfrac{1}{R}\right) + [1+b(R-1)]\left(s_K^i - \dfrac{1}{R}\right)} \qquad (4.85)$$

并且，根据式（4.82）可以判断，此时有 $\partial BP^i/\partial \emptyset > 0$，$\partial BP^i/\partial s_L > 0$。观察式（4.85）可以发现，如果 $s_L^i > s_K^i$，则式（4.85）的右侧为负数，即在任何贸易开放度下，式（4.85）均成立。这意味着，一个人口和资本禀赋均超过世界平均水平的大国，如果资本丰裕度低于世界平均水平，该国必然成为商品贸易顺差国；如果资本丰裕度超过世界平均水平，那么只有贸易开放度足够高，该国才成为商品贸易顺差国；反之，贸易开放度不够高时，该国则成为商品贸易逆差国。该国的商品贸易顺差额随着人口的增加以及贸易开放而增加。

(4) $s_L^i < 1/R$ 且 $s_K^i < 1/R$

根据式（4.82）可以判断，此时有 $\partial BP^i/\partial \emptyset < 0$，$\partial BP^i/\partial s_L > 0$。

$BP^i > 0$ 就要求 $1 - b\dfrac{1+(R-1)\emptyset}{1-\emptyset} > 0$ 且 $\dfrac{\dfrac{1}{R} - s_K^i}{\dfrac{1}{R} - s_L^i} < \dfrac{(1-b)\dfrac{1+(R-1)\emptyset}{1-\emptyset}}{1-b\dfrac{1+(R-1)\emptyset}{1-\emptyset}}$，即

$$\frac{1-b}{1+b(R-1)} > \emptyset >$$

$$\frac{(1-b)(s_L^i - s_K^i)}{(1-b)(R-1)\left(\frac{1}{R} - s_L^i\right) + [1 + b(R-1)]\left(\frac{1}{R} - s_K^i\right)} \tag{4.86}$$

观察式 (4.86) 可以发现，如果 $s_L^i < s_K^i$，则式 (4.86) 最右侧的式子为负数，即在任何贸易开放度下，式 (4.86) 最右侧的大于号均成立。这意味着，一个人口和资本禀赋均超过世界平均水平的小国，如果资本丰裕度高于世界平均水平且贸易开放度足够低时，该国可以实现商品贸易的顺差。如果资本丰裕度超过世界平均水平，只有贸易开放度居于适中水平，该国才可以实现商品贸易的顺差；反之，贸易开放度较高或较低时，该国均成为商品贸易逆差国。该国的商品贸易顺差额随着人口的增加以及贸易开放度的降低而增加。

(5) $s_L^i > 1/R > s_K^i$

$BP^i > 0$ 就要求① $1 - b\frac{1 + (R-1)\emptyset}{1 - \emptyset} \geq 0$，即 $\emptyset \leq \frac{1-b}{1 + b(R-1)}$；或者

② $1 - b\frac{1 + (R-1)\emptyset}{1 - \emptyset} < 0$ 且 $\frac{\frac{1}{R} - s_K^i}{s_L^i - \frac{1}{R}} < \frac{(1-b)\frac{1 + (R-1)\emptyset}{1 - \emptyset}}{b\frac{1 + (R-1)\emptyset}{1 - \emptyset} - 1}$，即 $\emptyset >$

$$max\left\{\frac{1-b}{1+b(R-1)}, \frac{(1-b)(s_L^i - s_K^i)}{[1+b(R-1)]\left(\frac{1}{R} - s_K^i\right) - (1-b)(R-1)\left(s_L^i - \frac{1}{R}\right)}\right\}。$$

进一步分解可以得到，如果

$$\frac{(1-b)(s_L^i - s_K^i)}{[1+b(R-1)]\left(\frac{1}{R} - s_K^i\right) - (1-b)(R-1)\left(s_L^i - \frac{1}{R}\right)} \leq \frac{1-b}{1+b(R-1)},$$

则在任何贸易开放度下均有 $BP^i > 0$；如果

$$\frac{(1-b)(s_L^i - s_K^i)}{[1+b(R-1)]\left(\frac{1}{R} - s_K^i\right) - (1-b)(R-1)\left(s_L^i - \frac{1}{R}\right)} > \frac{1-b}{1+b(R-1)},$$ 则

$BP^i > 0$ 的条件为：

$$\emptyset \leqslant \frac{1-b}{1+b(R-1)} \text{ 或 } \emptyset > \frac{(1-b)(s_L^i - s_K^i)}{[1+b(R-1)]\left(\frac{1}{R} - s_K^i\right) - (1-b)(R-1)\left(s_L^i - \frac{1}{R}\right)}$$

可进一步判断，$\dfrac{(1-b)(s_L^i - s_K^i)}{[1+b(R-1)]\left(\dfrac{1}{R} - s_K^i\right) - (1-b)(R-1)\left(s_L^i - \dfrac{1}{R}\right)} >$

$\dfrac{1-b}{1+b(R-1)}$ 等价于 $\dfrac{\dfrac{1}{R} - s_K^i}{s_L^i - \dfrac{1}{R}} > \dfrac{(1-b)(R-1)}{1+b(R-1)}$。重新整理上述的结论，可

以得到 $BP^i > 0$ 的条件为：① $\dfrac{\dfrac{1}{R} - s_K^i}{s_L^i - \dfrac{1}{R}} \leqslant \dfrac{(1-b)(R-1)}{1+b(R-1)}$；或者② $\dfrac{\dfrac{1}{R} - s_K^i}{s_L^i - \dfrac{1}{R}} >$

$\dfrac{(1-b)(R-1)}{1+b(R-1)}$ 且

$$\emptyset \notin \left(\frac{(1-b)(R-1)}{1+b(R-1)}, \frac{(1-b)(s_L^i - s_K^i)}{[1+b(R-1)]\left(\frac{1}{R} - s_K^i\right) - (1-b)(R-1)\left(s_L^i - \frac{1}{R}\right)}\right)$$

(4.87)

$\dfrac{\dfrac{1}{R} - s_K^i}{s_L^i - \dfrac{1}{R}} \leqslant \dfrac{(1-b)(R-1)}{1+b(R-1)}$ 又可以转换为 $s_L^i - \dfrac{1}{R} \geqslant \dfrac{1+b(R-1)}{(1-b)(R-1)}\left(\dfrac{1}{R} - s_K^i\right)$

或 $\dfrac{1}{R} - s_K^i \leqslant \dfrac{1+b(R-1)}{(1-b)(R-1)}\left(s_L^i - \dfrac{1}{R}\right)$，即该国的人口份额足够大或资本份额足够小。

这意味着，如果一国为人口大国却是资本小国，如果人口（资本）份额充分大（小），则必然是商品贸易顺差国。反之，在贸易开放度的一个适中水平上为商品贸易逆差国；而当贸易开放度足够低或者足够高时，该国则是商品贸易顺差国。

(6) $s_K^i > 1/R > s_L^i$

$BP^i > 0$ 就要求 $1 - b\dfrac{1+(R-1)\emptyset}{1-\emptyset} < 0$ 且 $\dfrac{s_K^i - \dfrac{1}{R}}{\dfrac{1}{R} - s_L^i} > \dfrac{(1-b)\dfrac{1+(R-1)\emptyset}{1-\emptyset}}{b\dfrac{1+(R-1)\emptyset}{1-\emptyset} - 1}$，即

$$\dfrac{s_K^i - \dfrac{1}{R}}{\dfrac{1}{R} - s_L^i} > (1-b)\dfrac{R-1}{1+b(R-1)} \text{ 以及 } (1-b)\dfrac{R-1}{1+b(R-1)} < \emptyset < \dfrac{(1-b)(s_K^i - s_L^i)}{[1+b(R-1)]\left(s_K^i - \dfrac{1}{R}\right) - (1-b)(R-1)\left(\dfrac{1}{R} - s_L^i\right)} \quad (4.88)$$

$\dfrac{s_K^i - \dfrac{1}{R}}{\dfrac{1}{R} - s_L^i} > \dfrac{(1-b)\dfrac{1+(R-1)\emptyset}{1-\emptyset}}{b\dfrac{1+(R-1)\emptyset}{1-\emptyset} - 1}$ 又可以转移为 $\dfrac{1}{R} - s_L^i < \dfrac{1+b(R-1)}{(1-b)(R-1)}\left(s_K^i - \dfrac{1}{R}\right)$ 或 $s_K^i - \dfrac{1}{R} > \dfrac{(1-b)(R-1)}{1+b(R-1)}\left(\dfrac{1}{R} - s_L^i\right)$，即该国的资本份额足够大或人口份额足够小。

这意味着，如果一国为人口小国却是资本大国，如果资本（人口）份额充分大（小），则在贸易开放度的一个适中水平时，该国可能为商品贸易顺差国。反之，该国一定是商品贸易逆差国。

将上述分析的结论汇总至表 4-5。

表 4-5 要素禀赋与商品贸易顺差条件

要素禀赋	$s_L^i > 1/R$		$s_L^i < 1/R$	$s_L^i = 1/R$
$s_K^i > 1/R$	$s_K^i < s_L^i$	顺差	$\dfrac{s_K^i - \dfrac{1}{R}}{\dfrac{1}{R} - s_L^i} > \emptyset_R^{W1}$ 且 $\emptyset_R^{W1} < \emptyset < \emptyset_R^{W2}$	$\emptyset > \emptyset_R^{W1}$
	$s_L^i < s_K^i$	$\emptyset > \emptyset_R^{W2}$		

续表

要素禀赋	$s_L^i > 1/R$		$s_L^i < 1/R$	$s_L^i = 1/R$
$s_K^i < 1/R$	$\dfrac{\dfrac{1}{R} - s_K^i}{s_L^i - \dfrac{1}{R}} \leqslant \emptyset_R^{W1}$ 或	$s_K^i < s_L^i$	顺差	$\emptyset < \emptyset_R^{W1}$
	$\dfrac{\dfrac{1}{R} - s_K^i}{s_L^i - \dfrac{1}{R}} > \emptyset_R^{W1}$ 且 $\emptyset \notin (\emptyset_R^{W1}, \emptyset_R^{W2})$	$s_L^i < s_K^i$	$\emptyset_R^{W1} > \emptyset > \emptyset_R^{W2}$	
$s_K^i = 1/R$	顺差		逆差	自给自足

这里，$\emptyset_R^{W1} = \dfrac{(1-b)(R-1)}{1+b(R-1)}$，

$$\emptyset_R^{W2} = \dfrac{(1-b)(s_K^i - s_L^i)}{[1+b(R-1)]\left(s_K^i - \dfrac{1}{R}\right) - (1-b)(R-1)\left(\dfrac{1}{R} - s_L^i\right)}。$$

（四）投资收益的国际收支

继续分析资本收益的流向和规模。i 国拥有的资本为 $s_K^i K^W$，使用的资本为 $s_n^i K^W$，从而 i 国资本的资本收益净流入

$$BP_K^i = rK^W(s_K^i - s_n^i) = \\ bE^W\left\{\left[1 - b\dfrac{1+(R-1)\emptyset}{1-\emptyset}\right]\left(s_K^i - \dfrac{1}{R}\right) - \dfrac{1+(R-1)\emptyset}{1-\emptyset}(1-b)\left(s_L^i - \dfrac{1}{R}\right)\right\}$$

(4.89)

显然，资本净收益与商品贸易顺差额之和为 0，即 $BP_K^i + BP^i = 0$。每个国家都实现了国际收支平衡。

二、部分国家拥有 M 部门

将表 4-3 与表 4-5 做比较，可以发现，多个国家与两个国家的结论类似。只是两个国家的资源禀赋参照点为整个经济空间的一半，而 R 个国家则是整

个经济空间的 $1/R$。此外,还包括令某国商品贸易顺差或者逆差的临界值发生了变化,如果考虑贸易开放度的临界值,那么可以发现,贸易开放度的临界值与国家的数量有关。

然而,现实情况可能更为复杂,这是因为,随着贸易开放度的降低,部分国家将失去 M 产业,成为 M 部门的"边缘国"。考虑该情况,假定贸易开放度正好处于 I 个国家($i=1、2\cdots\cdots I$)有 M 部门,将这 I 个国家称之为大国;$R-I$ 个国家($i=I+1、I+2\cdots\cdots R$)没有 M 部门的范围,将这 $R-I$ 个国家称之为小国。即令 $\emptyset^{I+1}<\emptyset<\emptyset^{I}$,这里

$$\phi^i = \frac{s_E^i}{\sum_{j=1}^{i} s_E^j - (i-1)s_E^i}, \quad i = I, I+1 \tag{4.90}$$

(一) A 产品的贸易

对于 i 国而言,A 商品的贸易顺差:

$$BP_A^i = \begin{cases} E^W\left[\mu(1-b)\left(s_L^i - \frac{1}{I}\right) - b(1-\mu)\left(s_K^i - \frac{1}{I}\right) - \frac{I\emptyset + (1-\emptyset)}{(1-\emptyset)\sum_{j=1}^{I}s_E^j}(s_E^i - \bar{s}_E^I)(\mu - b)\right], & i \leq I \\ E^W\left[\mu(1-b)s_L^i - b(1-\mu)s_K^i\right], & i > I \end{cases} \tag{4.91}$$

这里,$\bar{s}_E^I = \sum_{j=1}^{I} s_E^j / I$ 表示 I 个大国的平均市场份额。此时,对于 $i(>I)$ 国而言,由于国内只有 A 部门,从而 A 部门的对外贸易净额仅由本国的要素禀赋决定。A 部门实现贸易顺差,即 $BP_A^i > 0$ 的条件为

$$\frac{s_K^i}{s_L^i} < \frac{\mu(1-b)}{b(1-\mu)} > 1$$

这意味着,只要小国的资本丰裕度不是特别高,则会成为 A 产品的出口国。

$i(\leq I)$ 国的情况则复杂了很多,如式(4.91)所示,A 商品的贸易顺差由三部分构成,包括劳动禀赋、资本禀赋与世界平均水平之间的差异,以及市场规模与大国平均水平之间的差异。可以分类进行探讨,考虑到式

(4.91) 的三项不可能均等于 0，从而划分为两项等于 0、一项等于 0 和三项均不等于 0 三个类别，每种类别又可以进一步细分。

1. 式 (4.91) 有两项等于 0

(1) $s_L^i = s_K^i = 1/I$，$i \leq I$

i 国恰好拥有世界平均水平的所有要素禀赋，i 国的 A 商品贸易净额由式 (4.91) 的第三项决定：

$$BP_A^i = -\frac{I\emptyset + (1-\emptyset)}{I(1-\emptyset)\sum_{j=1}^{I} s_E^j}(s_E^i - \bar{s}_E^I)(\mu - b)E^W < 0 \quad (4.92)$$

此时 i 国的市场规模超过了大国平均水平，$s_E^i = 1/I > \bar{s}_E^I$，$i$ 国进口 A 商品。根据式 (4.92) 可以判断，$\partial BP_A^i/\partial \emptyset < 0$，$\partial BP_A^i/\partial s_E^i > 0$，大国 A 部门的贸易逆差额随着本国市场份额的扩大而减少，随着贸易开放而增加。

(2) $s_L^i = 1/I$，$s_E^i = \bar{s}_E^I$，$i \leq I$

i 国拥有世界平均水平的劳动力禀赋和大国平均水平的市场规模，显然此时 i 国的资本禀赋低于世界平均水平，$s_K^i < 1/I$。i 国的 A 商品贸易净额由式 (4.91) 的第二项决定：

$$BP_A^i = -b(1-\mu)\left(s_K^i - \frac{1}{I}\right)E^W > 0 \quad (4.93)$$

根据式 (4.93) 可以判断，$\partial BP_A^i/\partial \emptyset = 0$，$\partial BP_A^i/\partial s_K^i < 0$。此时 i 国出口 A 商品，大国 A 部门的贸易顺差额随着本国资本禀赋的增加而减少，与贸易开放度无关。

(3) $s_K^i = 1/I$，$s_E^i = \bar{s}_E^I$，$i \leq I$

i 国拥有世界平均水平的资本禀赋和大国平均水平的市场规模，显然此时 i 国的劳动力禀赋低于世界平均水平，$s_L^i < 1/I$。i 国的 A 商品贸易净额由式 (4.91) 的第一项决定：

$$BP_A^i = \mu(1-b)\left(s_L^i - \frac{1}{I}\right)E^W < 0 \quad (4.94)$$

根据式 (4.94) 可以判断，$\partial BP_A^i/\partial \emptyset = 0$，$\partial BP_A^i/\partial s_L^i > 0$。此时 i 国进口 A 商品，大国 A 部门的贸易逆差额随着本国劳动力禀赋的增加而减少，与贸易

开放度无关。

2. 式（4.91）有一项等于0

当式（4.91）的第一项等于0，即 $s_L^i = 1/I$ 时，那么可以分成三种情况，即 $s_K^i > 1/I$、$s_E^i < \bar{s}_E^I$ 以及 $1/I > s_E^i > \bar{s}_E^I$。此时，大国的 A 商品贸易净额由式（4.91）的第二项和第三项决定：

$$BP_A^i = E^W \left[b(1-\mu)\left(\frac{1}{I} - s_K^i\right) + \frac{I\emptyset + (1-\emptyset)}{I(1-\emptyset)\sum_{j=1}^{I} s_E^j}(\bar{s}_E^I - s_E^i)(\mu - b) \right]$$

(4.95)

(4) $s_L^i = 1/I$, $s_K^i > 1/I$, $i \leq I$

i 国恰好拥有世界平均水平的劳动力禀赋和超过世界平均水平的资本禀赋，此时必然有 $s_E^i > 1/I > \bar{s}_E^I$，$i$ 国的市场规模超过了大国平均水平。式（4.95）的两项均小于0，$BP_A^i < 0$，并可以判断，$\partial BP_A^i/\partial \emptyset < 0$，$\partial BP_A^i/\partial s_K^i < 0$。此时大国进口 A 商品，大国 A 部门的贸易逆差额随着本国资本禀赋的增加和贸易开放而增加。

(5) $s_L^i = 1/I$, $s_E^i < \bar{s}_E^I$, $i \leq I$

i 国恰好拥有世界平均水平的劳动力禀赋，但市场份额低于大国平均水平，此时必然有 $s_K^i < 1/I$，i 国的资本禀赋低于世界平均水平。式（4.95）的两项均大于0，$BP_A^i > 0$，并可以判断，$\partial BP_A^i/\partial \emptyset > 0$，$\partial BP_A^i/\partial s_K^i < 0$。此时大国出口 A 商品，大国 A 部门的贸易顺差额随着本国资本禀赋的减少和贸易开放而增加。

(6) $s_L^i = 1/I$, $1/I > s_E^i > \bar{s}_E^I$, $i \leq I$

i 国恰好拥有世界平均水平的劳动力禀赋，但市场份额在世界平均水平和大国平均水平之间，此时必然有 $s_K^i < 1/I$，i 国的资本禀赋低于世界平均水平。式（4.95）的两项一正一负，$BP_A^i > 0$ 的条件为：

$$\frac{I\emptyset + (1-\emptyset)}{I(1-\emptyset)} < \frac{\bar{s}_E^I b(1-\mu)(1-Is_K^i)}{(\mu - b)(s_E^i - \bar{s}_E^I)}$$

等价于：

$$\emptyset < 1 - \frac{1}{\dfrac{b\bar{s}_E^I(1-\mu)(1-Is_K^i)}{(\mu-b)(s_E^i-\bar{s}_E^I)} + 1 - \dfrac{1}{I}} \qquad (4.96)$$

并可以判断, $\partial BP_A^i/\partial \emptyset < 0$, $\partial BP_A^i/\partial s_K^i < 0$。这意味着,当贸易开放度较低时,大国出口 A 商品;当贸易开放度较高时,大国进口 A 商品;大国 A 部门的贸易顺差额随着本国资本禀赋的增加和贸易开放而减少。

当式（4.91）的第二项等于 0，即 $s_K^i = 1/I$ 时，也可以分成三种情况，即 $s_L^i > 1/I$、$s_E^i < \bar{s}_E^I$ 以及 $1/I > s_E^i > \bar{s}_E^I$。此时，大国的 A 商品贸易净额由式（4.91）的第一项和第三项决定：

$$BP_A^i = E^W\left[\mu(1-b)\left(s_L^i - \frac{1}{I}\right) + \frac{I\emptyset + (1-\emptyset)}{I(1-\emptyset)\sum_{j=1}^I s_E^j}(\bar{s}_E^I - s_E^i)\right] \qquad (4.97)$$

（7） $s_K^i = 1/I$, $s_L^i > 1/I$, $i \leqslant I$

i 国恰好拥有世界平均水平的资本禀赋和超过世界平均水平的劳动力禀赋，此时必然有 $s_E^i > 1/I > \bar{s}_E^I$，$i$ 国的市场规模超过了大国平均水平。式（4.97）的两项一正一负，$BP_A^i > 0$ 的条件为：

$$\frac{I\emptyset + (1-\emptyset)}{I(1-\emptyset)} < \mu(1-b)\frac{Is_L^i - 1}{s_E^i/\bar{s}_E^I - 1}$$

等价于：

$$\emptyset < 1 - \frac{1}{\mu(1-b)\dfrac{Is_L^i-1}{s_E^i/\bar{s}_E^I-1} + 1 - \dfrac{1}{I}} \qquad (4.98)$$

并可以判断, $\partial BP_A^i/\partial \emptyset < 0$。这意味着,当贸易开放度较低时,大国出口 A 商品;当贸易开放度较高时,大国进口 A 商品;大国 A 部门的贸易顺差额随着贸易开放而减少。

（8） $s_K^i = 1/I$, $s_E^i < \bar{s}_E^I$, $i \leqslant I$

i 国恰好拥有世界平均水平的资本禀赋，但市场份额低于大国平均水平，此时必然有 $s_L^i < 1/I$，i 国的劳动力禀赋低于世界平均水平。式（4.97）的两项一负一正，$BP_A^i > 0$ 的条件为：

$$\frac{I\emptyset + (1-\emptyset)}{I(1-\emptyset)} > \mu(1-b)\frac{1-Is_L^i}{1-s_E^i/\bar{s}_E^I}$$

等价于:

$$\emptyset > 1 - \frac{1}{\mu(1-b)\dfrac{1-Is_L^i}{1-s_E^i/\bar{s}_E^I} + 1 - \dfrac{1}{I}} \quad (4.99)$$

并可以判断，$\partial BP_A^i/\partial\emptyset > 0$。这意味着，当贸易开放度较高时，大国出口 A 商品；当贸易开放度较低时，大国进口 A 商品；大国 A 部门的贸易顺差额随着贸易开放而增加。

(9) $s_K^i = 1/I$, $1/I > s_E^i > \bar{s}_E^I$, $i \leq I$

i 国恰好拥有世界平均水平的资本禀赋，但市场份额在世界平均水平和大国平均水平之间，此时必然有 $s_L^i < 1/I$，i 国的劳动力禀赋低于世界平均水平。式 (4.97) 的两项均小于 0，$BP_A^i < 0$，并可以判断，$\partial BP_A^i/\partial\emptyset < 0$。此时大国进口 A 商品，大国 A 部门的贸易逆差额随着贸易开放而增加。

当式 (4.91) 的第三项等于 0，即 $s_E^i > \bar{s}_E^I$ 时，也可以分成三种情况，即 $s_L^i > 1/I$、$s_L^i < \dfrac{\bar{s}_E^I - b/I}{1-b}$ 以及 $1/I > s_L^i \geqslant \dfrac{\bar{s}_E^I - b/I}{1-b}$，这里 $\dfrac{\bar{s}_E^I - b/I}{1-b} < \bar{s}_E^I < 1/I$。此时，大国的 A 商品贸易净额由式 (4.91) 的第一项和第三项决定：

$$BP_A^i = E^W\left[\mu(1-b)\left(s_L^i - \frac{1}{I}\right) + b(1-\mu)\left(\frac{1}{I} - s_K^i\right)\right] \quad (4.100)$$

可以判断，$\partial BP_A^i/\partial\emptyset = 0$，$\partial BP_A^i/\partial s_K^i < 0$，$\partial BP_A^i/\partial s_L^i > 0$。大国 A 部门的贸易顺差额随着本国资本禀赋的减少和劳动力禀赋的增加而增加，与贸易开放度无关。

(10) $s_E^i = \bar{s}_E^I$, $s_L^i > 1/I$, $i \leq I$

i 国恰好拥有大国平均水平的市场份额和超过世界平均水平的劳动力禀赋，此时必然有 $s_K^i < \bar{s}_E^I < 1/I$，$i$ 国的市场规模超过了大国平均水平。式 (4.100) 的两项均大于 0，$BP_A^i > 0$，此时大国出口 A 商品。

(11) $s_E^i = \bar{s}_E^I$, $s_L^i < \dfrac{\bar{s}_E^I - b/I}{1-b}$, $i \leq I$

i 国恰好拥有大国平均水平的市场份额和极稀缺的劳动力，此时必然有 $s_K^i > 1/I$，i 国的资本禀赋高于世界平均水平。式（4.100）的两项均为负，$BP_A^i < 0$，并可以判断，$\partial BP_A^i/\partial \emptyset < 0$。此时大国进口 A 商品。

(12) $s_E^i = \bar{s}_E^I$, $1/I > s_L^i > \dfrac{\bar{s}_E^I - b/I}{1-b}$, $i \leq I$

i 国恰好拥有大国平均水平的市场份额和较稀缺的劳动力，此时必然有 $s_K^i < 1/I$，i 国的资本禀赋低于世界平均水平。式（4.100）的两项一负一正，$BP_A^i > 0$ 的条件为：

$$\frac{\dfrac{1}{I} - s_L^i}{\dfrac{1}{I} - s_K^i} < \frac{b(1-\mu)}{\mu(1-b)} < 1$$

这意味着，当大国的资本丰裕度很低时将出口 A 商品；反之则进口 A 商品。

3. 式（4.91）的三项均不等于 0

可以分成两种情况，即 $s_E^i > \bar{s}_E^I$ 和 $s_E^i < \bar{s}_E^I$。

$$E^W \left[\mu(1-b)\left(s_L^i - \frac{1}{I}\right) - b(1-\mu)\left(s_K^i - \frac{1}{I}\right) - \frac{I\emptyset + (1-\emptyset)}{(1-\emptyset)\sum_{j=1}^{I} s_E^j}(s_E^i - \bar{s}_E^I)(\mu - b) \right]$$

(13) $s_E^i > \bar{s}_E^I$, $i \leq I$

i 国拥有超过大国平均水平的市场份额，即该国在目前尚保有 M 部门的国家中仍属于相对规模较大者，下文将之称为极大国。根据式（4.91）可以得到 $BP_A^i > 0$ 的条件为：

$$\frac{I\emptyset + (1-\emptyset)}{I(1-\emptyset)} < \frac{\mu(1-b)(Is_L^i - 1) - b(1-\mu)(Is_K^i - 1)}{s_E^i/\bar{s}_E^I - 1}$$

这等价于：

$$\mu(1-b)\left(s_L^i - \frac{1}{I}\right) - b(1-\mu)\left(s_K^i - \frac{1}{I}\right) > 0$$

且 $\emptyset < 1 - \dfrac{1}{\dfrac{b(1-\mu)\left(s_K^i - \dfrac{1}{I}\right) - \mu(1-b)\left(s_L^i - \dfrac{1}{I}\right)}{s_E^i/\bar{s}_E^I - 1} + 1 - \dfrac{1}{I}}$

(4.101)

并可以判断，$\partial BP_A^i / \partial \emptyset < 0$。这意味着，如果极大国的资本丰裕度较低，当贸易开放度较低时将出口 A 商品；反之，当贸易开放度较高或者资本丰裕度较高时则进口 A 商品。

(14) $s_E^i < \bar{s}_E^I$，$i \leqslant I$

i 国拥有低于大国平均水平的市场份额，即该国在目前尚保有 M 部门的国家中仍属于相对规模较小者，下文将之称为弱大国。根据式（4.91）可以得到 $BP_A^i > 0$ 的条件为：

$$\dfrac{I\emptyset + (1-\emptyset)}{I(1-\emptyset)} > \dfrac{\mu(1-b)(1-Is_L^i) - b(1-\mu)(1-Is_K^i)}{1 - s_E^i/\bar{s}_E^I}$$

这等价于：

① $\mu(1-b)\left(\dfrac{1}{I} - s_L^i\right) - b(1-\mu)\left(\dfrac{1}{I} - s_K^i\right) < 0$ 或

② $\mu(1-b)\left(\dfrac{1}{I} - s_L^i\right) - b(1-\mu)\left(\dfrac{1}{I} - s_K^i\right) \geqslant 0$

且 $\emptyset > 1 - \dfrac{1}{\dfrac{b(1-\mu)\left(\dfrac{1}{I} - s_K^i\right) - \mu(1-b)\left(\dfrac{1}{I} - s_L^i\right)}{1 - s_E^i/\bar{s}_E^I} + 1 - \dfrac{1}{I}}$

(4.102)

并可以判断，$\partial BP_A^i / \partial \emptyset < 0$。这意味着，当弱大国的资本丰裕度足够低时将出口 A 商品；如果弱大国的资本丰裕度不太低，则贸易开放度较高时将出口 A 商品，当贸易开放度较低时则进口 A 商品。

将上述分析的结论汇总至表 4-6。

表 4-6 要素禀赋与 A 产品出口条件（I 国有 M 部门）

要素禀赋		$s_K^i > 1/I$	$s_K^i < 1/I$	$s_K^i = 1/I$
$s_E^i > \bar{s}_E^I$	$s_L^i > 1/I$	$\dfrac{s_L^i - \dfrac{1}{I}}{s_K^i - \dfrac{1}{I}} > b\dfrac{1-\mu}{\mu}(1-b)$ 且 $\emptyset < \emptyset^{AI}$	$\emptyset < \emptyset^{AI}$	$\emptyset < \emptyset^{AI}$
	$s_L^i < 1/I$	进口	① $\dfrac{\dfrac{1}{I} - s_L^i}{\dfrac{1}{I} - s_K^i} < b\dfrac{1-\mu}{\mu}(1-b)$ 或 ② $\dfrac{\dfrac{1}{I} - s_L^i}{\dfrac{1}{I} - s_K^i} \geq b\dfrac{1-\mu}{\mu}(1-b)$ 且 $\emptyset < \emptyset^{AI}$	$\emptyset < \emptyset^{AI}$
	$s_L^i = 1/I$	进口	$\emptyset < \emptyset^{AI}$	$\emptyset < \emptyset^{AI}$
$s_E^i < \bar{s}_E^I$	$s_L^i > 1/I$	—	出口	—
	$s_L^i < 1/I$	$\emptyset > \emptyset^{AI}$	① $\dfrac{\dfrac{1}{I} - s_L^i}{\dfrac{1}{I} - s_K^i} < b\dfrac{1-\mu}{\mu}(1-b)$ 或 ② $\dfrac{\dfrac{1}{I} - s_L^i}{\dfrac{1}{I} - s_K^i} \geq b\dfrac{1-\mu}{\mu}(1-b)$ 且 $\emptyset > \emptyset^{AI}$	$\emptyset > \emptyset^{AI}$
	$s_L^i = 1/I$	—	出口	—

续表

要素禀赋	s_L^i	$s_K^i > 1/I$	$s_K^i < 1/I$	$s_K^i = 1/I$
$s_E^i = 1/s_E^I$	$s_L^i > 1/I$	—	出口	—
	$s_L^i < 1/I$	出口	$\dfrac{\dfrac{1}{I} - s_L^i}{\dfrac{1}{I} - s_K^i} < b\dfrac{1-\mu}{\mu}(1-b)$	进口
	$s_L^i = 1/I$	—	出口	—

这里，$\emptyset^{AI}=1-\dfrac{1}{\dfrac{b(1-\mu)\left(\dfrac{1}{I}-s_K^i\right)-\mu(1-b)\left(\dfrac{1}{I}-s_L^i\right)}{1-s_E^i/\bar{s}_E^I}+1-\dfrac{1}{I}}$

（二）M 商品贸易

对于 i 国而言，M 商品的消费额为 $D_M^i=\mu s_E^i E^W$。其中，对本国所生产的 M 商品的支出、M 部门进出口额分别为：

$$M_{ii}=\begin{cases}\dfrac{\mu s_E^i E^W s_n^i}{s_n^i+\emptyset(1-s_n^i)}=\mu E^W\dfrac{s_n^i\sum_{j=1}^I s_E^j}{1+(I-1)\emptyset}=\\ \mu E^W\left\{\dfrac{s_E^i}{1-\emptyset}-\dfrac{\emptyset I\bar{s}_E^I}{1-\emptyset[1+(I-1)\emptyset]}\right\},&i\leq I\\ 0,&i>I\end{cases}$$

$$M_{oi}=\begin{cases}\dfrac{\mu s_E^i E^W\emptyset(1-s_n^i)}{s_n^i+\emptyset(1-s_n^i)}=\mu E^W\dfrac{\emptyset(1-s_n^i)\,I\bar{s}_E^I}{1+(I-1)\emptyset}=\\ \mu E^W\left\{\dfrac{\emptyset I\bar{s}_E^I}{1-\emptyset[1+(I-1)\emptyset]}-\dfrac{\emptyset s_E^i}{1-\emptyset}\right\},&i\leq I\\ \mu s_E^i E^W,&i>I\end{cases}$$

$$M_{io}=\begin{cases}\sum_{j\neq i}^I\dfrac{\mu s_E^j E^W\emptyset s_n^i}{s_n^j+\emptyset(1-s_n^j)}+\sum_{j=I+1}^R \mu s_E^j E^W s_n^i=\mu E^W s_n^i\left[\dfrac{(I-1)\,\emptyset I\bar{s}_E^I}{1+(I-1)\,\emptyset}+1-I\bar{s}_E^I\right]\\ =\dfrac{\mu E^W}{1-\emptyset}\left\{\left(\dfrac{s_E^i}{I\bar{s}_E^I}-s_E^i\right)-\emptyset\left[1-\dfrac{I\bar{s}_E^I}{[1+(I-1)\,\emptyset]}-\dfrac{(I-1)\,s_E^i}{I\bar{s}_E^I}\right]\right\},&i\leq I\\ 0,&i>I\end{cases}$$

首先，令 i 国 M 商品的当地贸易额 M_{ii} 对贸易开放度 $\emptyset$ 求导，可以得到

$$\dfrac{\partial M_{ii}}{\partial\emptyset}=\mu E^W\left\{\dfrac{s_E^i}{(1-\emptyset)^2}-\bar{s}_E^I\left[\dfrac{1}{(1-\emptyset)^2}+\dfrac{I-1}{[1+(I-1)\emptyset]^2}\right]\right\}\quad(4.103)$$

根据式（4.103）可以判断，当 $\dfrac{s_E^i}{\bar{s}_E^I}>1+\dfrac{(I-1)\,(1-\emptyset)^2}{[1+(I-1)\emptyset]^2}$ 时，M_{ii} 随着贸易开放而增加；当 $\dfrac{s_E^i}{\bar{s}_E^I}<1+\dfrac{(I-1)\,(1-\emptyset)^2}{[1+(I-1)\emptyset]^2}$ 时，M_{ii} 随着贸易开放而减少。

其次，令 i 国 M 商品的进口额 M_{oi} 对贸易开放度 $\emptyset$ 求导，可以得到

$$\frac{\partial M_{oi}}{\partial \emptyset} = \mu E^W \left\{ \bar{s}_E^I \left[\frac{1}{1-\emptyset}^2 + \frac{I-1}{[1+(I-1)\emptyset]^2} \right] - \frac{s_E^i}{(1-\emptyset)^2} \right\} \quad (4.104)$$

根据式（4.104）可以判断，当 $\dfrac{s_E^i}{\bar{s}_E^I} > 1 + \dfrac{(I-1)(1-\emptyset)^2}{[1+(I-1)\emptyset]^2}$ 时，M_{oi} 随着贸易开放而减少；当 $\dfrac{s_E^i}{\bar{s}_E^I} < 1 + \dfrac{(I-1)(1-\emptyset)^2}{[1+(I-1)\emptyset]^2}$ 时，M_{oi} 随着贸易开放而增加。

最后，令 i 国 M 商品的出口额 M_{io} 对贸易开放度 $\emptyset$ 求导，可以得到

$$\frac{\partial M_{io}}{\partial \emptyset} = \mu E^W (I-1) \left\{ \frac{s_E^i}{(1-\emptyset)^2} - \bar{s}_E^I \left[\frac{1}{(1-\emptyset)^2} - \frac{1}{[1+(I-1)\emptyset]^2} \right] \right\}$$

$$(4.105)$$

根据式（4.105）可以判断，当 $\dfrac{s_E^i}{\bar{s}_E^I} > 1 - \dfrac{(1-\emptyset)^2}{[1+(I-1)\emptyset]^2}$ 时，M_{io} 随着贸易开放而增加；当 $\dfrac{s_E^i}{\bar{s}_E^I} < 1 - \dfrac{(1-\emptyset)^2}{[1+(I-1)\emptyset]^2}$ 时，M_{io} 随着贸易开放而减少。

综上，贸易开放对于各部分贸易额的影响，取决于市场规模在大国中所占份额的两个节点 $\left[1 - \dfrac{(1-\emptyset)^2}{[1+(I-1)\emptyset]^2}\right]$ 和 $\left[1 + \dfrac{(I-1)(1-\emptyset)^2}{[1+(I-1)\emptyset]^2}\right]$。将图 4.3 的 R 改为 I，即展示了这两个临界点与贸易开放度的关系。

i 国 M 商品的双边贸易总额

$$M_{oi} + M_{io} = \mu E^W \frac{\emptyset}{1-\emptyset} \left[s_E^i (I-2) + I\bar{s}_E^I \frac{1-(I-1)\emptyset}{1+(I-1)\emptyset} \right]$$

对 i 国 M 商品的双边贸易总额求导，可以得到

$$\frac{\partial (M_{oi} + M_{io})}{\partial s_E^i} = \frac{\emptyset \mu E^W}{1-\emptyset}(I-2) > 0$$

$$\frac{\partial (M_{oi} + M_{io})}{\partial I} = \frac{\emptyset \mu E^W}{1-\emptyset} \left\{ s_E^i - \frac{2(I-1)I\bar{s}_E^I}{[1+(I-1)\emptyset]^2} \right\}$$

$$\frac{\partial (M_{oi} + M_{io})}{\partial \emptyset} =$$

$$\frac{\mu E^W}{1-\emptyset}\left\{s_E^i(I-2)^2 - \bar{I}s_E^I \frac{(I-1)^2\emptyset^2 + 2\emptyset(1-\emptyset)(I-1) - 1}{[1+(I-1)\emptyset]^2}\right\}$$

(4.106)

显然，i 国 M 商品的双边贸易总额随着 i 国支出份额的扩大而增加。当 $\dfrac{s_E^i}{\bar{s}_E^I} > \dfrac{2(I-1)(I)}{[1+(I-1)\emptyset]^2}$ 时，i 国 M 商品的双边贸易总额随着国家数量的增加而增加；当 $\dfrac{s_E^i}{\bar{s}_E^I} < \dfrac{2(I-1)(I)}{[1+(I-1)\emptyset]^2}$ 时，i 国 M 商品的双边贸易总额随着国家数量的增加而减少。当 $\dfrac{s_E^i}{\bar{s}_E^I} > \dfrac{(I-1)^2\emptyset^2 + 2\emptyset(1-\emptyset)(I-1) - 1}{(I-2)[1+(I-1)\emptyset]^2}$ 时，i 国 M 商品的双边贸易总额随着贸易开放而增加；当 $\dfrac{s_E^i}{\bar{s}_E^I} < \dfrac{(I-1)^2\emptyset^2 + 2\emptyset(1-\emptyset)(I-1) - 1}{(I-2)[1+(I-1)\emptyset]^2}$ 时，i 国 M 商品的双边贸易总额随着贸易开放而降低。

把所有国家 M 部门的进口额或者出口额相加，就可以得到 M 部门的国际贸易总额，$\sum_{i=1}^{I} M_{io} = \sum_{i=1}^{R} M_{oi} = \mu E^W \left[1 - \dfrac{\bar{I}s_E^I}{1+(I-1)\emptyset}\right]$。显然，$M$ 部门的国际贸易总额随着大国的市场份额减少和贸易开放而增加。

i 国 M 产业的贸易顺差 BP_M^i 等于

$$BP_M^i = \begin{cases} \mu E^W \left[\left(\dfrac{s_E^i}{\bar{I}s_E^I} - s_E^i\right) + \dfrac{\emptyset}{1-\emptyset}\left(\dfrac{s_E^i}{\bar{s}_E^I} - 1\right)\right], & i \leq I \\ -\mu s_E^i E^W, & i > I \end{cases}$$

(4.107)

式（4.107）中括号内的第一项为正数，而第二项的正负取决于 i 国的市场规模。如果 $\dfrac{s_E^i}{\bar{s}_E^I} \geq 1$，则必然有 $M_{io} - M_{oi} > 0$；如果 $\dfrac{s_E^i}{\bar{s}_E^I} < 1$，$M_{io} - M_{oi} > 0$ 的条件为 $\left(\dfrac{s_E^i}{\bar{I}s_E^I} - s_E^i\right) > \emptyset/(1-\emptyset)\left(1 - \dfrac{s_E^i}{\bar{s}_E^I}\right)$，即 $\emptyset < \dfrac{\dfrac{s_E^i}{\bar{I}s_E^I} - s_E^i}{\left(\dfrac{s_E^i}{\bar{I}s_E^I} - s_E^i\right) + \left(1 - \dfrac{s_E^i}{\bar{s}_E^I}\right)}$。这意味着，对于市场规模达到大国平均水平的极大国必然能够实现 M 产业的贸易顺

差,且顺差额随着贸易开放而增加。而对于市场规模低于大国平均水平的弱大国,M 产业的顺差额随着贸易开放而减少;只有当贸易开放度较低时才能实现 M 产业的贸易顺差,而当贸易开放度较高时则为贸易逆差。

(三) 商品贸易总额和国际收支

将 A 商品和 M 商品的贸易额相加,就可以得到商品贸易总额,其中 A 商品只有单边贸易,而 M 商品存在产业内贸易。判断 i 国商品贸易总额 BP^i 为顺差的条件。

$$BP^i = \begin{cases} bE^W\left[\left(\dfrac{s_E^i}{I\bar{s}_E^I} - s_K^i\right) + \dfrac{\emptyset}{1-\emptyset}\left(\dfrac{s_E^i}{\bar{s}_E^I} - 1\right)\right], & i \leq I \\ -bE^W s_K^i, & i > I \end{cases} \quad (4.108)$$

显然,小国的商品贸易必然逆差。式(4.108)第一行为大国的商品贸易顺差额,中括号内包括两项,第一项的负号取决于 i 国的资本份额与在大国中的市场份额之差。第二项的小括号外的系数为正且随着 $\emptyset$ 的增大而增加,小括号的符号取决于 i 国的市场规模与大国平均水平之比,当 i 国为极大国时为正,弱大国则为负。这意味着,极大国的商品贸易顺差额随着贸易开放而增加;而弱大国的商品贸易顺差额随着贸易开放而减少。

如果某(大)国的资本份额与在大国中的市场份额相等,市场份额与大国平均水平相等,即 $s_K^i = s_E^i/(I\bar{s}_E^I)$ 且 $s_E^i = \bar{s}_E^I$ 时,$BP^i = 0$,该国的所有商品均能自给自足,不存在国际贸易。我们进一步探讨,这两个条件至少有一方面不相等的情况。

(1) $s_K^i = s_E^i/(I\bar{s}_E^I)$

$$BP^i = bE^W \emptyset/(1-\emptyset)\left(\dfrac{s_E^i}{\bar{s}_E^I} - 1\right) \quad (4.109)$$

显然有,①当 $s_E^i > \bar{s}_E^I$ 时,$BP^i > 0$;②当 $s_E^i < \bar{s}_E^I$ 时,$BP^i < 0$。这意味着,当资本禀赋恰好为世界平均水平时,极大国能够实现商品贸易顺差,而弱大国则为商品贸易逆差。

(2) 当 $s_E^i = \bar{s}_E^I$

$$BP^i = bE^W\left(\dfrac{1}{I} - s_K^i\right) \quad (4.110)$$

显见，①当 $s_K^i < 1/I$ 时，$BP^i > 0$；②当 $s_K^i > 1/I$ 时，$BP^i < 0$。这意味着，当市场规模恰好为大国平均水平时，资本丰富的大国商品贸易逆差，而资本不够丰富的大国则为商品贸易顺差。

（3）$s_E^i > \bar{s}_E^I$ 且 $s_K^i > s_E^i/(I\bar{s}_E^I) > 1/I$

可以判断，式（4.108）第一行中括号内的第一项为负数而第二项为正数。如果要 $BP^i > 0$，就要求 $\dfrac{\emptyset}{1-\emptyset} > \dfrac{s_K^i - \dfrac{s_E^i}{I\bar{s}_E^I}}{\dfrac{s_E^i}{\bar{s}_E^I} - 1}$，即：

$$\emptyset > \frac{s_K^i - \dfrac{s_E^i}{I\bar{s}_E^I}}{s_K^i - \dfrac{s_E^i}{I\bar{s}_E^I} + \dfrac{s_E^i}{\bar{s}_E^I} - 1} \qquad (4.111)$$

这意味着，一个资本极其丰富的超大国，只有贸易开放度足够高，该国才成为商品贸易顺差国；贸易开放度不够高时，该国则成为商品贸易逆差国。

（4）$s_E^i < \bar{s}_E^I$ 且 $s_K^i < s_E^i/(I\bar{s}_E^I) < 1/I$

可以判断，式（4.108）第一行中括号内的第一项为正数而第二项为负数。如果要 $BP^i > 0$，就要求 $\dfrac{\emptyset}{1-\emptyset} < \dfrac{\dfrac{s_E^i}{I\bar{s}_E^I} - s_K^i}{1 - \dfrac{s_E^i}{\bar{s}_E^I}}$，即：

$$\emptyset < \frac{\dfrac{s_E^i}{I\bar{s}_E^I} - s_K^i}{\dfrac{s_E^i}{I\bar{s}_E^I} - s_K^i + 1 - \dfrac{s_E^i}{\bar{s}_E^I}} \qquad (4.112)$$

这意味着，一个资本不够丰富的弱大国，只有贸易开放度足够低，该国才成为商品贸易顺差国；贸易开放度较高时，该国则成为商品贸易逆差国。

（5）$s_E^i > \bar{s}_E^I$ 且 $s_K^i < s_E^i/(I\bar{s}_E^I) > 1/I$

可以判断，则式（4.108）第一行中括号内的两项均为正数，从而必然有

$BP^i > 0$。这意味着,一个资本不够丰富的极大国,必然是商品贸易顺差国。

(6) $s_E^i < \bar{s}_E^I$ 且 $s_K^i > s_E^i/(I\bar{s}_E^I) < 1/I$

可以判断,则式(4.108)第一行中括号内的两项均为负数,从而必然有 $BP^i < 0$。这意味着,一个资本较丰富的弱大国,必然是商品贸易逆差国。

将上述分析的结论汇总至表4-7。

表4-7 要素禀赋、市场规模与商品贸易顺差条件(I个国家有M部门)

条件	$s_K^i > s_E^i/(I\bar{s}_E^I)$	$s_K^i < s_E^i/(I\bar{s}_E^I)$	$s_K^i = s_E^i/(I\bar{s}_E^I)$
$s_E^i > \bar{s}_E^I$	$\emptyset > \emptyset_I^W$	顺差	顺差
$s_E^i < \bar{s}_E^I$	逆差	$\emptyset < \emptyset_I^W$	逆差
$s_E^i = \bar{s}_E^I$	逆差	顺差	国际收支平衡

注:$\emptyset_I^W = \dfrac{\dfrac{s_E^i}{I\bar{s}_E^I} - s_K^i}{\dfrac{s_E^i}{I\bar{s}_E^I} - s_K^i + 1 - \dfrac{s_E^i}{\bar{s}_E^I}}$

(四)投资收益的国际收支

继续分析资本收益的流向和规模。i国拥有的资本为$s_K^i K^W$,使用的资本为$s_n^i K^W$,从而i国的资本收益净流入

$$BP_K^i = \begin{cases} rK^W(s_K^i - s_n^i) = bE^W\left\{s_K^i - \dfrac{1}{I} + \dfrac{1+(I-1)\emptyset}{I(1-\emptyset)}\left(1 - \dfrac{s_E^i}{\bar{s}_E^I}\right)\right\}, & i \leq I \\ rK^W s_K^i, & i > I \end{cases}$$
(4.113)

显然,资本净收益与商品贸易顺差额之和为0,即$BP_K^i + BP^i = 0$。每个国家都实现了国际收支平衡。

第五章　货币国际化影响全球产业分工的机理分析

在前一章中，我们在 FC 框架下探讨国内外贸易的规模、结构以及贸易流向等问题。模型中的贸易额以计价物①来度量，并未用到真实货币。本章中，我们将延续上一章的研究，尝试引入真实的货币，探讨在货币市场的供需下汇率的决定，从而刻画一个拥有真实货币的经济世界，并以此为基础，思考货币的国际化对全球产业分工的"资本禀赋效应"，尝试对货币国际化的路径和策略进行推演。

第一节　货币与汇率

本节将通过一个简单货币供求模型，在新古典经济学的框架下探究一国货币汇率的形成、变动，以及对该国所拥有的资本禀赋产生的影响，以此作为本章理论分析的基础。

一、货币的供给和需求

假设每个国家都拥有主权货币，用 i 国货币度量发行的规模（面值）为 S_i，以某一国际货币为锚货币的间接标价法下的名义汇率为 e_i，从而每个国家发行货币的国际购买力为 $e_i S_i$。假设无论是间接汇率还是直接汇率，都不存在

---

① 一般以 A 商品作为计价物。

套汇问题。

凯恩斯将人们对于货币的需求（持有货币的动机）划分为交易性、预防性和投机性三部分。由于本文的模型中并不存在不确定性，从而不考虑投机性货币需求规模，而是重点考察货币的交易媒介职能。根据剑桥方程式，我们认为，货币需求与贸易额保持着一个稳定的比例。

用 MD^i 表示 i 国的货币需求。商品的国内贸易部分和该国拥有的要素在本国所获得的要素报酬部分通常用本国货币来进行交易，这部分的需求 MD_0^i 被称为本国货币需求。而商品的国际贸易部分和资本的国际流动所获报酬部分需要通过国际（结算）货币来进行交易。这部分的货币需求 MD_1^i 则被称为国际结算货币需求。我们尝试用收入法、支出法和生产法来解构两部分的货币需求。

收入法即按照要素报酬的获得来划分不同的货币需求。劳动报酬部分完全在国内获得，只需要本国货币进行支付。而资本报酬是否在国内获得，需要根据资本净收益的方向判断。如果资本报酬净流入，即 $BP_K^i > 0(s_K^i > s_n^i)$，那么本国拥有的资本有一部分投资到国外，在本国使用的部分资本所获得的报酬需要用本国货币进行支付，资本报酬净流入部分则需要国际货币支付；如果资本报酬净流出，即 $BP_K^i < 0(s_K^i < s_n^i)$，那么本国拥有的资本所获得的报酬均需要用本国货币支付，资本报酬净流出部分则需要国际货币支付。根据收入法的划分，需要本国货币支付的贸易额 $Y_0^i = L^i + rK^W min\{s_K^i, s_n^i\}$，需要国际结算货币支付的贸易额 $Y_1^i =| BP_K^i |$。

支出法即按照商品价值的支出流向来划分不同的货币需求。对于 A 商品的支出，需要看一国 A 部门贸易方向。如果 A 部门贸易盈余，即 $BP_A^i > 0(L_A^i > D_A^i)$，那么对本国 A 商品的支出为本国居民的 A 产品消费额 D_A^i，也即 A 商品使用本国货币支付的贸易额，A 商品使用国际货币支付的贸易额为本国 A 商品的净出口 BP_A^i；如果 A 部门贸易赤字，即 $BP_A^i < 0(L_A^i < D_A^i)$，那么对本国 A 商品的支出为本国的 A 商品产出额 L_A^i，此即 A 商品使用本国货币支付的贸易额，A 商品使用国际货币支付的贸易额为该国 A 商品的净进口 $-BP_A^i$。对于本国生产的 M 商品的支出额 M_{ii} 使用本国货币支付，M 部门的进出口总额

$(M_{io} + M_{oi})$ 则使用国际货币支付。根据支出法的划分,需要本国货币支付的贸易额 $Y_0^i = min\{L_A^i, D_A^i\} + M_{ii}$,需要国际结算货币支付的贸易额 $Y_1^i = |BP_A^i| + (M_{io} + M_{oi})$。

生产法即按照商品价值的产出流向来划分不同的货币需求。如果 A 部门贸易盈余,那么本国 A 部门生产并供给本国居民消费产品部分贸易额用本国货币支付,本国 A 商品的净出口则需要用国际货币支付;如果 A 部门贸易盈余,那么本国生产的所有 A 商品用本国货币支付,A 商品的净进口用国际货币需求支付。用本国货币支付的 M 产品贸易额是本国 M 部门供应给本国居民消费的那部分产品价值,用国际货币支付的 M 产品为本国 M 部门的进出口总额。很显然,生产法的划分结果与支出法完全相同。

上述三种方法对本国货币需求和国际货币需求的划分,如表 5-1 所示。

表 5-1 货币需求及其构成

方法	Y_0^i	Y_1^i	$Y_0^i + Y_1^i$
收入法	$L^i + rK^W min\{s_K^i, s_n^i\}$	$\|BP_K^i\|$	$L^i + rK^W max\{s_K^i, s_n^i\}$
支出法	$min\{L_A^i, D_A^i\} + M_{ii}$	$\|BP_A^i\| + (M_{io} + M_{oi})$	$max\{L_A^i, D_A^i\} + (M_{ii} + M_{io} + M_{oi})$
生产法	$min\{L_A^i, D_A^i\} + M_{ii}$	$\|BP_A^i\| + (M_{io} + M_{oi})$	$max\{L_A^i, D_A^i\} + (M_{ii} + M_{io} + M_{oi})$

对收入法的结果进行分解后可以发现:如果资本报酬净流入,即 $BP_K^i > 0(s_K^i > s_n^i)$,那么与 i 国要素报酬相关的总贸易额 $Y_0^i + Y_1^i = L^i + rK^W s_K^i$,即 i 国的总收入(市场规模),这等于 i 国对 A 商品与 M 商品的支出总额之和 $D_A^i + (M_{ii} + M_{oi})$;如果资本报酬净流出,即 $BP_K^i < 0(s_K^i < s_n^i)$,那么与本国要素报酬相关的总贸易额 $Y_0^i + Y_1^i = L^i + rK^W s_n^i$,这等于 i 国的总产值 $L_A^i + (M_{ii} + M_{io})$。与支出法(和生产法)相比,收入法低估了货币需求。其原因在于收入法核算的要素报酬净收益为 A 商品和 M 商品两部分的贸易净额相互抵消的结果,而这两个部门的贸易净额按照支出法(和生产法)则都需要纳入核算。相比而言,可以认为,按照支出法(和生产法)进行交易货币的计算更为合理。从而,i 国的本国货币需求和国际货币需求分别为:

$$MD_0^i = d \cdot Y_0^i, \quad MD_1^i = d \cdot Y_1^i \tag{5.1}$$

这里，d 表示货币需求与贸易额之间的比例。考虑到本国贸易需要的货币通常为本国货币，而国际贸易中只有一部分用到本国货币，从而假设本国货币的总需求：

$$MD^i = a_0^i \cdot MD_0^i + a_1^i \cdot MD_1^i \tag{5.2}$$

这里，a_1^i 和 a_0^i 分别表示两部分货币需求中使用本国货币的比例。为了简化分析，假设本国货币需求完全用本国货币来满足，从而有 $0 \leq a_1^i \leq a_0^i = 1$。可以用 a_1^i 表示 i 国货币国际化的程度，a_1^i 越大，则 i 国货币国际化程度越高，分别称 $a_1^i = 0$ 和 $a_1^i = 1$ 为货币完全本土化和完全国际化①。同时，用 Y^i 表示（用本币结算的）i 国总贸易额：

$$Y^i = a_0^i \cdot Y_0^i + a_1^i \cdot Y_1^i \tag{5.3}$$

显然有：

$$MD^i = d \cdot Y^i \tag{5.4}$$

二、汇率

给定各国的货币供给量，一国货币的汇率由该国货币市场的供给和需求均衡来决定：

$$e^i S^i = MD^i = MD_0^i + a_1^i \cdot MD_1^i \tag{5.5}$$

根据式（5.2）和式（5.3），可以判断 k_1^i 与 e^i 正相关：

$$e^i = (MD_0^i + a_1^i \cdot MD_1^i)/S^i \tag{5.6}$$

可以从直观上判断：如果各国货币的需求结构保持不变，那么随着一国货币在国际贸易中被更为广泛地使用，即随着货币国际化程度的提升，会使得该国货币升值。随着货币升值，该国拥有资本的国际价值也增加，这扩大了该国的资本禀赋。

---

① 现实中，一国货币甚至可以渗透到其他国家间的国际贸易或者国内贸易中，比如美元在某些国家的贸易行为中就长期承担着这样的功能。因此，本章所谓的货币完全国际化只是对于在与本国相关的国际贸易中使用本国货币比例的一种定量上的表述。

三、资本禀赋

假设每个国家拥有的资本均为本币资产,由此简化资本的价值按照各国汇率相互换算的环节。用 K^i 表示以本国货币度量的 i 国资本禀赋价值,那么用国际汇价度量的 i 国拥有的资本禀赋应当为 $e^i K^i$,用国际汇价度量的 i 国拥有的资本份额

$$s_K^i = e^i K^i / \sum_{j=1}^{R} e^j K^j \tag{5.7}$$

选择合适的货币度量单位,标准化 $S^i \equiv K^i$,结合式(5.4)和式(5.6),可以得到

$$s_K^i = Y^i / \sum_{j=1}^{R} Y^j \tag{5.8}$$

这里,分母 $\sum_{j=1}^{R} Y^j$ 为全世界所有产品的价值之和,等于全世界的总支出,$\sum_{j=1}^{R} Y^i = E^W$。从而各国的资本禀赋,即为 i 国本币结算的贸易总额占全球总需求的份额:

$$s_K^i = Y^i / E^W \tag{5.9}$$

在考虑了货币的需求后,资本禀赋成为内生变量。根据式(5.9)以及 Y^i 的表达式,就可以求出 s_K^i 以及 e^i 等变量的显性表达式。

第二节 国际货币的资本禀赋效应

随着一国货币需求的扩大,该国的货币升值,以本币计量的该国所拥有的资本在国际投资中的价值也同步提升,这意味着该国资本禀赋的增加,可以将之称为货币国际化的"资本禀赋效应"[①]。"资本禀赋效应"至少产生了两方面的影响。一方面,资本禀赋的增加扩大了本国的国民收入(市场规模),从而吸引了更多的资本流入本国,这进一步扩大了对本国货币的需求,从而形成了"货币需求增加—资本禀赋增加—市场规模扩大—货币需求增加"

---

① 货币国际化还有交易成本降低等其他方面的效应,限于篇幅,本章并未展开探讨。

的循环累积因果链。另一方面，资本禀赋的增加，会让更多的资本在本地使用或者投入国外，从而改变了本国货币的需求结构。

资本禀赋效应的最终效果取决于两部分货币需求与货币国际化程度。考虑到货币需求结构较复杂，我们首先分析货币完全本土化和完全国际化，即 $a_1^i = 0$ 和 $a_1^i = 1$ 这两种特殊情况，继而分析货币的国际化进程。

一、货币的完全本土化和完全国际化

对于货币的完全本土化和完全国际化，可以从两国框架入手，以获得最简洁、清晰的结论，令 $i = N, S$[①]。将货币完全国际化和完全本土化的国家分别简称为货币强国和货币弱国。首先，令 N 国为货币弱国，S 国为货币强国，可以观察两国各自的产业发展状况；随后，将两国的角色调转，分析货币弱国转向货币强国对本国产业发展带来的影响。由于各部门贸易额与 A 部门的贸易盈余与否有关。因此，需要按照 BP_A^i 的符号分类探讨。

（一）各国的状况

1. $BP_A > 0$

如果 N 国的 A 部门贸易顺差，那么可能形成两国均保有 M 部门的内点结构，或者 M 部门完全集聚于 S 国形成 CP 结构。根据式（5.9）可以计算本币结算的贸易总额。

$$Y = Y_0 \begin{cases} D_A + M_{NN}, & \emptyset < \emptyset^{CP} \\ D_A, & \emptyset \geq \emptyset^{CP} \end{cases} \quad (5.10)$$

根据式（5.9）以及上一章对贸易额的分析，可以得到两国的资本禀赋：

$$s_K = \begin{cases} \dfrac{[1-(1-\mu)\emptyset](1-b)s_L - \dfrac{\mu\emptyset}{1+\emptyset}}{(1-b)(1-\emptyset) - b\mu\emptyset}, & \emptyset < \emptyset^{CP} \\ \dfrac{(1-\mu)(1-b)s_L}{1-b(1-\mu)}, & s_n = 0 \end{cases}$$

[①] 延续上一章在两国框架时的书写习惯，分别用无上标和上标 * 表示 N 和 S 两国对应的变量。

$$s_K^* = \begin{cases} \dfrac{[1-(1-\mu)\emptyset](1-b)s_L^* - \dfrac{\mu\emptyset^2}{1+\emptyset}}{(1-b)(1-\emptyset)-b\mu\emptyset}, & \emptyset < \emptyset^{CP} \\ \dfrac{(1-\mu)(1-b)s_L^* + \mu}{1-b(1-\mu)}, & s_n^* = 1 \end{cases} \quad (5.11)$$

进而还可以得到两国的市场份额:

$$s_E = \begin{cases} \dfrac{(1-b)(1-\emptyset)s_L - \dfrac{b\mu\emptyset}{1+\emptyset}}{(1-b)(1-\emptyset)-b\mu\emptyset}, & \emptyset < \emptyset^{CP} \\ \dfrac{(1-b)s_L}{1-b(1-\mu)}, & s_n = 0 \end{cases}$$

$$s_E^* = \begin{cases} \dfrac{(1-b)(1-\emptyset)s_L^* - \dfrac{b\mu\emptyset^2}{1+\emptyset}}{(1-b)(1-\emptyset)-b\mu\emptyset}, & \emptyset < \emptyset^{CP} \\ \dfrac{(1-b)s_L^* + b\mu}{1-b(1-\mu)}, & s_n^* = 1 \end{cases} \quad (5.12)$$

将资本份额、市场份额除以劳动力份额,可以得到人均资本(资本劳动比)和人均收入。

$$\dfrac{K}{L} = \begin{cases} \dfrac{[1-(1-\mu)\emptyset](1-b) - \dfrac{\mu\emptyset}{(1+\emptyset)s_L}}{(1-b)(1-\emptyset)-b\mu\emptyset}, & \emptyset < \emptyset^{CP} \\ (1-\mu)\dfrac{1-b}{1-b(1-\mu)}, & s_n = 0 \end{cases}$$

$$\dfrac{K^*}{L^*} = \begin{cases} \dfrac{[1-(1-\mu)\emptyset](1-b) - \dfrac{\mu\emptyset^2}{(1+\emptyset)s_L^*}}{(1-b)(1-\emptyset)-b\mu\emptyset}, & \emptyset < \emptyset^{CP} \\ \dfrac{(1-\mu)(1-b) + \dfrac{\mu}{s_L^*}}{1-b(1-\mu)}, & s_n^* = 1 \end{cases} \quad (5.13)$$

$$\frac{E}{L} = \begin{cases} \dfrac{(1-b)(1-\emptyset) - \dfrac{b\mu\emptyset}{(1+\emptyset)s_L}}{(1-b)(1-\emptyset) - b\mu\emptyset}, & \emptyset < \emptyset^{CP} \\ \dfrac{1-b}{1-b(1-\mu)}, & s_n = 0 \end{cases}$$

$$\frac{E^*}{L^*} = \begin{cases} \dfrac{(1-b)(1-\emptyset) - \dfrac{b\mu\emptyset^2}{(1+\emptyset)s_L^*}}{(1-b)(1-\emptyset) - b\mu\emptyset}, & \emptyset < \emptyset^{CP} \\ \dfrac{(1-b) + \dfrac{b\mu}{s_L^*}}{1-b(1-\mu)}, & s_n^* = 1 \end{cases} \quad (5.14)$$

在内点结构时[①]，两国的资本份额、市场份额以及人均资本（资本—劳动比）、人均收入均为劳动力禀赋和贸易开放度的函数。如果形成 CP 结构，那么两国的资本份额、市场份额以及货币强国的人均资本、人均收入均仅为劳动力禀赋的函数，且均与贸易开放度无关；而货币弱国的人均资本和人均收入是一个与本国劳动力禀赋和贸易开放度均无关的常数。在内点结构下，令这几项指标对本国的劳动力份额求导：

$$\frac{\partial s_K}{\partial s_L} = \frac{\partial s_K^*}{\partial s_L^*} > 1, \quad \frac{\partial s_E}{\partial s_L} = \frac{\partial s_E^*}{\partial s_L^*} > 1, \quad \frac{\partial (K/L)}{\partial s_L} > 0,$$

$$\frac{\partial (K^*/L^*)}{\partial s_L^*} > 0, \quad \frac{\partial (E/L)}{\partial s_L} > 0, \quad \frac{\partial (E^*/L^*)}{\partial s_L^*} > 0 \quad (5.15)$$

在内点结构时，两国的资本份额、市场份额以及人均资本、人均收入均与本国的劳动力禀赋正相关。劳动力禀赋对两国的资本禀赋和市场份额的边际影响相同，均超过了 1；从而劳动力禀赋增加会提高本国的人均资本和人均收入。在 CP 结构下，货币弱国的人均资本和人均收入与本国的劳动力禀赋无关，而货币强国的人均资本和人均收入则随着本国劳动力禀赋的增加而递减。

[①] 在满足 $BP_A > 0$ 且 $\emptyset < \emptyset^{CP}$ 的条件下，$\emptyset < \dfrac{1-b}{1-(1-\mu)b}$ 必然能够成立。达到 CP 结构的条件要求"边缘国"的人口禀赋（继而市场份额和 M 部门份额）足够小或者贸易开放度足够高，具体表达式参见下文。

第五章　货币国际化影响全球产业分工的机理分析

在内点结构下，令这几项指标对贸易开放度求导，可以判断，

$$\frac{\partial s_K}{\partial \emptyset} < 0, \frac{\partial s_K^*}{\partial \emptyset} > 0; \frac{\partial s_E}{\partial \emptyset} < 0, \frac{\partial s_E^*}{\partial \emptyset} > 0; \frac{\partial s_n}{\partial \emptyset} < 0, \frac{\partial s_n^*}{\partial \emptyset} > 0 \quad (5.16)$$

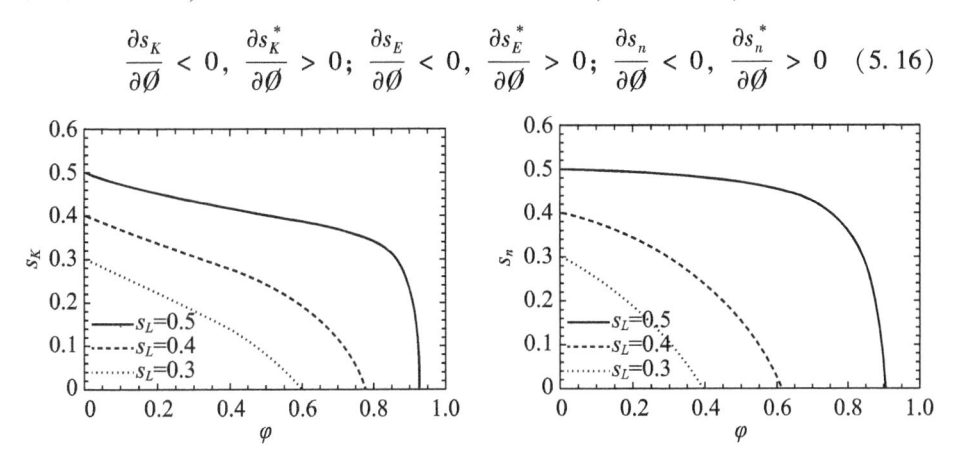

图 5.1　货币弱国出口 A 产品时①，贸易开放度与资本禀赋的关系
模拟参数：$\mu = 0.5, \sigma = 5$

在内点结构时，货币强国（弱国）的资本份额、市场份额，以及人均资本、人均收入均随着贸易开放而提高（降低）。

将两国的情况相减，可以得到货币国际化的各方面影响：

$$s_K^* - s_K = \begin{cases} \dfrac{[1-(1-\mu)\emptyset](1-b)}{(1-b)(1-\emptyset)-b\mu\emptyset}(s_L^* - s_L) + \\ \dfrac{1-\emptyset}{1+\emptyset} \cdot \dfrac{\mu\emptyset}{(1-b)(1-\emptyset)-b\mu\emptyset}, & \emptyset < \emptyset^{CP} \\ \dfrac{(1-\mu)(1-b)}{1-b(1-\mu)}(s_L^* - s_L) + \\ \dfrac{\mu}{1-b(1-\mu)}, & \emptyset \geqslant \emptyset^{CP} \end{cases} \quad (5.17)$$

---

① A 部门贸易顺差的货币弱国，劳动力禀赋的上限为略大于 0.5，具体表达式参见下文。

133

$$s_E^* - s_E = \begin{cases} \dfrac{(1-b)(1-\emptyset)}{(1-b)(1-\emptyset) - b\mu\emptyset}(s_L^* - s_L) + \\ \dfrac{1-\emptyset}{1+\emptyset} \cdot \dfrac{b\mu\emptyset}{(1-b)(1-\emptyset) - b\mu\emptyset}, & \emptyset < \emptyset^{CP} \\ \dfrac{1-b}{1-b(1-\mu)}(s_L^* - s_L) + \\ \dfrac{b\mu}{1-b(1-\mu)}, & \emptyset \geq \emptyset^{CP} \end{cases} \quad (5.18)$$

很明显，作为货币强国的 S 国和作为货币强国的 N 国之间，资本禀赋和市场份额的差距受到两国劳动力禀赋差距的影响。除此之外，货币强国还有一个正的加成，即式（5.17）和式（5.18）右侧的第二项。这部分可以近似①地被当作相比于货币完全本土化，货币完全国际化对本国经济发展带来的好处。

最后，我们探讨一下 CP 结构需要的条件。根据式（5.12）以及式（4.21）可以得到：

$$\emptyset \geq \emptyset^{CP} = \frac{(1-b)s_L}{(1-b)s_L^* + b\mu} \quad (5.19)$$

也可以把这一条件改写为：

$$s_L \leq \emptyset/(1+\emptyset)\left(1 + \frac{b\mu}{1-b}\right) \quad (5.20)$$

即当货币弱国的劳动力规模足够小时，两国经济将出现 M 部门完全集聚于货币强国。

2. $BP_A < 0$

如果 N 国的 A 部门贸易逆差，那么可能形成两国均保有 M 部门的内点结构，或者 M 部门完全集聚于 N 国形成 CP 结构。根据式（5.9），可以计算本币结算的贸易总额。

---

① 需要留意，此时，S 国的 A 部门为贸易逆差，并不能把这个加成当作 N 国货币完全国际化所带来的影响（除了一些特殊情况）。具体的分析参见下文。

第五章 货币国际化影响全球产业分工的机理分析

$$Y = Y_0 = \begin{cases} L_A + M_{NN}, & \emptyset < \emptyset^{CP} \\ D_A + M_{NN}, & \emptyset \geqslant \emptyset^{CP} \end{cases} \quad (5.21)$$

根据式（5.9）以及上一章对于贸易额的分析，可以得到两国的资本禀赋：

$$s_K = \begin{cases} \dfrac{(1-b)[(1+b)-(1+\mu-b)\emptyset]s_L + \emptyset\left(\dfrac{\mu\emptyset}{1+\emptyset}-b\right)}{1-b^2-(1-\mu b+b^2)\emptyset}, & \emptyset < \emptyset^{CP} \\ (1-\mu)s_L - \left(\dfrac{\mu\emptyset}{1+\emptyset}-b\right), & s_n = 1 \end{cases}$$

$$s_K^* = \begin{cases} \dfrac{(1-b)[(1+b)-(1+\mu-b)\emptyset]s_L^* + \emptyset\left(\dfrac{\mu}{1+\emptyset}-b\right)}{1-b^2-(1-\mu b+b^2)\emptyset}, & \emptyset < \emptyset^{CP} \\ (1-\mu)s_L^* + (\mu-b) + \dfrac{\mu\emptyset}{1+\emptyset}, & s_n^* = 0 \end{cases}$$

$$(5.22)$$

进而，可以得到两国的市场份额：

$$s_E = \begin{cases} \dfrac{(1-b^2)(1-\emptyset)s_L + b\emptyset\left(\dfrac{\mu\emptyset}{1+\emptyset}-b\right)}{1-b^2-(1-\mu b+b^2)\emptyset}, & \emptyset < \emptyset^{CP} \\ (1-b\mu)s_L - b\left(\dfrac{\mu\emptyset}{1+\emptyset}-b\right), & s_n = 1 \end{cases}$$

$$s_E^* = \begin{cases} \dfrac{(1-b^2)(1-\emptyset)s_L^* + b\emptyset\left(\dfrac{\mu}{1+\emptyset}-b\right)}{1-b^2-(1-\mu b+b^2)\emptyset}, & \emptyset < \emptyset^{CP} \\ (1-b\mu)s_L^* + b(\mu-b) + \dfrac{b\mu\emptyset}{1+\emptyset}, & s_n^* = 0 \end{cases} \quad (5.23)$$

以及人均资本（资本劳动比）和人均收入：

$$\frac{K}{L} = \begin{cases} \dfrac{(1-b)\left[(1+b)-(1+\mu-b)\emptyset\right]+\emptyset/(s_L)\left(\dfrac{\mu\emptyset}{1+\emptyset}-b\right)}{(1-b^2-(1-\mu b+b^2)\emptyset)}, & \emptyset<\emptyset^{CP} \\ (1-\mu)-\dfrac{\emptyset(\mu-b)-b}{(1+\emptyset)s_L}, & s_n=0 \end{cases}$$

$$\frac{K^*}{L^*} = \begin{cases} \dfrac{(1-b)\left[(1+b)-(1+\mu-b)\emptyset\right]+\dfrac{\emptyset}{s_L^*}\left(\dfrac{\mu}{1+\emptyset}-b\right)}{1-b^2-(1-\mu b+b^2)\emptyset}, & \emptyset<\emptyset^{CP} \\ (1-\mu)+\dfrac{(1+\emptyset)(\mu-b)+\mu\emptyset}{(1+\emptyset)s_L^*}, & s_n^*=1 \end{cases} \quad (5.24)$$

$$\frac{E}{L} = \begin{cases} \dfrac{(1-b^2)(1-\emptyset)+\dfrac{b\emptyset}{s_L}\left(\dfrac{\mu\emptyset}{1+\emptyset}-b\right)}{1-b^2-(1-\mu b+b^2)\emptyset}, & \emptyset<\emptyset^{CP} \\ (1-b\mu)-b\dfrac{\emptyset(\mu-b)-b}{(1+\emptyset)s_L}, & s_n=0 \end{cases}$$

$$\frac{E^*}{L^*} = \begin{cases} \dfrac{(1-b^2)(1-\emptyset)+\dfrac{b\emptyset}{s_L^*}\left(\dfrac{\mu}{1+\emptyset}-b\right)}{1-b^2-(1-\mu b+b^2)\emptyset}, & \emptyset<\emptyset^{CP} \\ (1-b\mu)+b\dfrac{(1+\emptyset)(\mu-b)+b\mu}{(1+\emptyset)s_L^*}, & s_n^*=1 \end{cases} \quad (5.25)$$

不论是内点结构还是 CP 结构，两国的资本份额、市场份额以及人均资本（资本—劳动比）、人均收入均为劳动力禀赋和贸易开放度的函数。在 CP 结构下，"边缘国"的经济发展之所以依旧与贸易开放度有关，在于"边缘国"同时又是货币强国，从而国际贸易的规模将通过资本禀赋效应影响该国的经济发展。令这几项指标对本国的劳动力禀赋求导：

$$\frac{\partial s_K}{\partial s_L}=\frac{\partial s_K^*}{\partial s_L^*}=\begin{cases} \dfrac{(1-b)\left[(1+b)-(1+\mu-b)\emptyset\right]}{1-b^2-(1-\mu b+b^2)\emptyset}, & \emptyset<\emptyset^{CP} \\ 1-\mu, & \emptyset\geqslant\emptyset^{CP} \end{cases}$$

$$\frac{\partial s_E}{\partial s_L}=\frac{\partial s_E^*}{\partial s_L^*}=\begin{cases} \dfrac{(1-b^2)(1-\emptyset)}{1-b^2-(1-\mu b+b^2)\emptyset}, & \emptyset<\emptyset^{CP} \\ 1-b\mu, & \emptyset\geqslant\emptyset^{CP} \end{cases} \quad (5.26)$$

第五章 货币国际化影响全球产业分工的机理分析

在内点结构下[①]，当 $\emptyset < \dfrac{1+b}{1+\mu-b}$ 时，$\dfrac{\partial s_K}{\partial s_L}$ 和 $\dfrac{\partial s_K^*}{\partial s_L^*}$ 为正，即贸易开放度不是特别高时，两国的资本份额均随着本国劳动力禀赋的增加而增加；当 $\emptyset > \dfrac{1+b}{1+\mu-b}$ 时，$\dfrac{\partial s_K}{\partial s_L}$ 和 $\dfrac{\partial s_K^*}{\partial s_L^*}$ 为负，即贸易开放度高时，两国的资本份额均随着本国劳动力禀赋的增加而降低。而 $\dfrac{\partial s_E}{\partial s_L} = \dfrac{\partial s_E^*}{\partial s_L^*} > 0$，意味着两国的市场份额均随着本国劳动力禀赋的增加而增加。在 CP 结构下，两国的资本禀赋和市场份额均随着本国劳动力禀赋的增加而增加。

$$sgn\,\dfrac{\partial\left(\dfrac{K}{L}\right)}{\partial s_L} = sgn\,\dfrac{\partial\left(\dfrac{E}{L}\right)}{\partial s_L} = \begin{cases} sgn\{b - \emptyset(\mu-b)\}, & \emptyset < \emptyset^{CP} \\ sgn\{\emptyset(\mu-b) - b\}, & \emptyset \geqslant \emptyset^{CP} \end{cases} \quad (5.27)$$

$$\dfrac{\partial\left(\dfrac{K^*}{L^*}\right)}{\partial s_L^*} = \dfrac{\partial\left(\dfrac{E^*}{L^*}\right)}{\partial s_L^*} = \begin{cases} sgn\{(\mu-b) - b\emptyset\}, & \emptyset < \emptyset^{CP} \\ < 0, & \emptyset \geqslant \emptyset^{CP} \end{cases} \quad (5.28)$$

由于 $\emptyset^{CP} \geqslant \dfrac{1}{\sigma-1}$ 必然成立[②]，从而当 $\emptyset < \dfrac{1}{\sigma-1}$ 时，$\dfrac{\partial\left(\dfrac{K}{L}\right)}{\partial s_L}$ 和 $\dfrac{\partial\left(\dfrac{E}{L}\right)}{\partial s_L}$ 为正，即贸易开放度较低时，资本弱国的人均资本和人均收入均随着本国劳动力禀赋的增加而增加；当 $\emptyset > \dfrac{1}{\sigma-1}$ 时，$\dfrac{\partial\left(\dfrac{K}{L}\right)}{\partial s_L}$ 和 $\partial\dfrac{\left(\dfrac{E}{L}\right)}{\partial s_L}$ 为负，即贸易开放度较高时，资本弱国的人均资本和人均收入均随着本国劳动力禀赋的增加而降低。而在内点结构下，资本强国的人均资本和人均收入均随着本国劳动力禀赋的增加而提高；在 CP 结构下，则均随着本国劳动力禀赋的增加而降低。

在内点结构下，令这几项指标对贸易开放度求导，

---

① 满足 $\sigma \geqslant 2$ 时，$\emptyset < \dfrac{1-b^2}{1-\mu b+b^2}$ 必然能够成立。达到 CP 结构的条件要求"核心国"的人口禀赋（继而市场份额和 M 部门份额）足够大或者贸易开放度足够高，具体表达式参见下文。

② 这里，$\dfrac{b}{\mu-b} = \dfrac{1}{\sigma-1}$。满足 $\sigma \geqslant 2$ 时，$(\mu-b) - b\emptyset > 0$ 必然能够成立。

$$\frac{\partial s_K}{\partial \emptyset} < 0, \frac{\partial s_K^*}{\partial \emptyset} > 0; \frac{\partial s_E}{\partial \emptyset} < 0, \frac{\partial s_E^*}{\partial \emptyset} > 0; \frac{\partial s_n}{\partial \emptyset} < 0, \frac{\partial s_n^*}{\partial \emptyset} > 0 \quad (5.29)$$

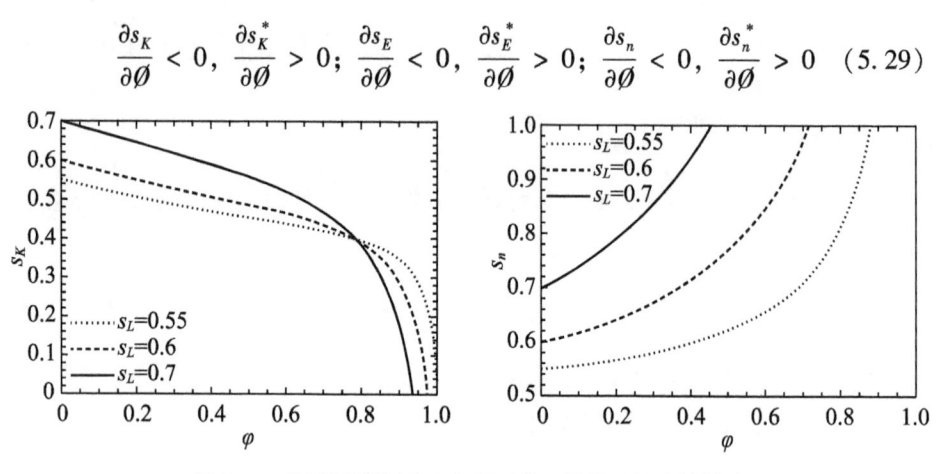

图 5.2 货币弱国进口 A 产品时①，贸易开放度的影响

模拟参数：$\mu = 0.5, \sigma = 5$

这意味着，货币强国出口 A 商品时，贸易开放会降低（提高）货币弱国（强国）的资本禀赋、市场份额以及人均资本、人均收入，但是会提高（降低）货币弱国（强国）的 M 产业份额。

在贸易开放度足够高并形成 CP 结构后，货币强国只可能是 M 部门的"边缘国"，而货币弱国成为 M 部门的"核心国"，此时，两国的资本劳动比（以及人均收入）均随着劳动力的增加而降低；货币弱（强）国的资本劳动比随着贸易开放而降低（提高）。

将两国的情况相减，可以展示货币国际化的各方面影响：

$$s_K^* - s_K = \begin{cases} \dfrac{(1-b)[(1+b)-(1+\mu-b)\emptyset](s_L^* - s_L) + \mu\emptyset\dfrac{1-\emptyset}{1+\emptyset}}{1-b^2 - (1-\mu b + b^2)\emptyset}, & \emptyset < \emptyset^{CP} \\ \dfrac{(1-\mu)(1-b)(s_L^* - s_L) - \dfrac{\mu\emptyset(1-\emptyset)}{1+\emptyset}}{1-b(1-\mu)}, & \emptyset \geqslant \emptyset^{CP} \end{cases}$$

(5.30)

---

① A 部门贸易逆差的货币弱国，劳动力禀赋的下限为略大于 0.5，具体表达式参见下文。

第五章 货币国际化影响全球产业分工的机理分析

$$s_E^* - s_E = \begin{cases} \dfrac{(1-b^2)(1-\emptyset)(s_L^* - s_L) + b\mu\emptyset\dfrac{1-\emptyset}{1+\emptyset}}{1-b^2-(1-\mu b+b^2)\emptyset}, & \emptyset < \emptyset^{CP} \\ \dfrac{(1-b)(s_L^* - s_L) - \dfrac{b\mu\emptyset(1-\emptyset)}{1+\emptyset}}{1-b(1-\mu)}, & \emptyset \geqslant \emptyset^{CP} \end{cases} \quad (5.31)$$

最后,我们依旧探讨货币弱国成为"核心国"的 CP 结构需要满足的条件。根据式(5.12)以及式(4.21)可以得到:

$$\emptyset \geqslant \emptyset^{CP} = \frac{(1-b^2)s_L}{(1-b^2)s_L^* - b(\mu - b)} \quad (5.32)$$

或者表示为:

$$s_L \geqslant \frac{1}{1+\emptyset} + \frac{\emptyset}{1+\emptyset}\frac{b(\mu-b)}{1-b^2} \quad (5.33)$$

3. $BP_A = 0$ 和临界条件

如果两国的 A 商品均自给自足,那么两国必然均保有一定规模的 M 部门。那么前述的 A 商品由 N 国向 S 国出口,或者由 S 国向 N 国出口,内点结构部分的结论均适用,也必然彼此等价。只是 $BP_A = 0$ 必然需要满足特定的条件。接下来,我们结合上一章的结论探讨 A 产品贸易流向的临界条件。

根据表4-1以及前述分析的结论,可以得到:

$$BP_A = 0 \Leftrightarrow s_L = s_L^0;\ BP_A > 0 \Leftrightarrow s_L < s_L^0;\ BP_A < 0 \Leftrightarrow s_L > s_L^0 \quad (5.34)$$

这里,$s_L^0 = \dfrac{1}{2} + \dfrac{b\mu}{2} \cdot \dfrac{(1-b)-\emptyset(1+b-2\mu)}{(1-b)(1+\emptyset)[2(\mu-b)+\mu b]}$。在 $\sigma \geqslant 2$ 的假设下,s_L^0 为贸易开放度 $\emptyset$ 的减函数,从而有 $\dfrac{1}{2} + \dfrac{b\mu(\mu-b)}{2(1-b)[2(\mu-b)+\mu b]} > s_L^0 > \dfrac{1}{2}$①。

---

① s_L^0 的上限为 μ 的增函数,σ 的减函数,当 $\mu = 1$ 且 $\sigma = 2$ 时,其最大值为 2/3。

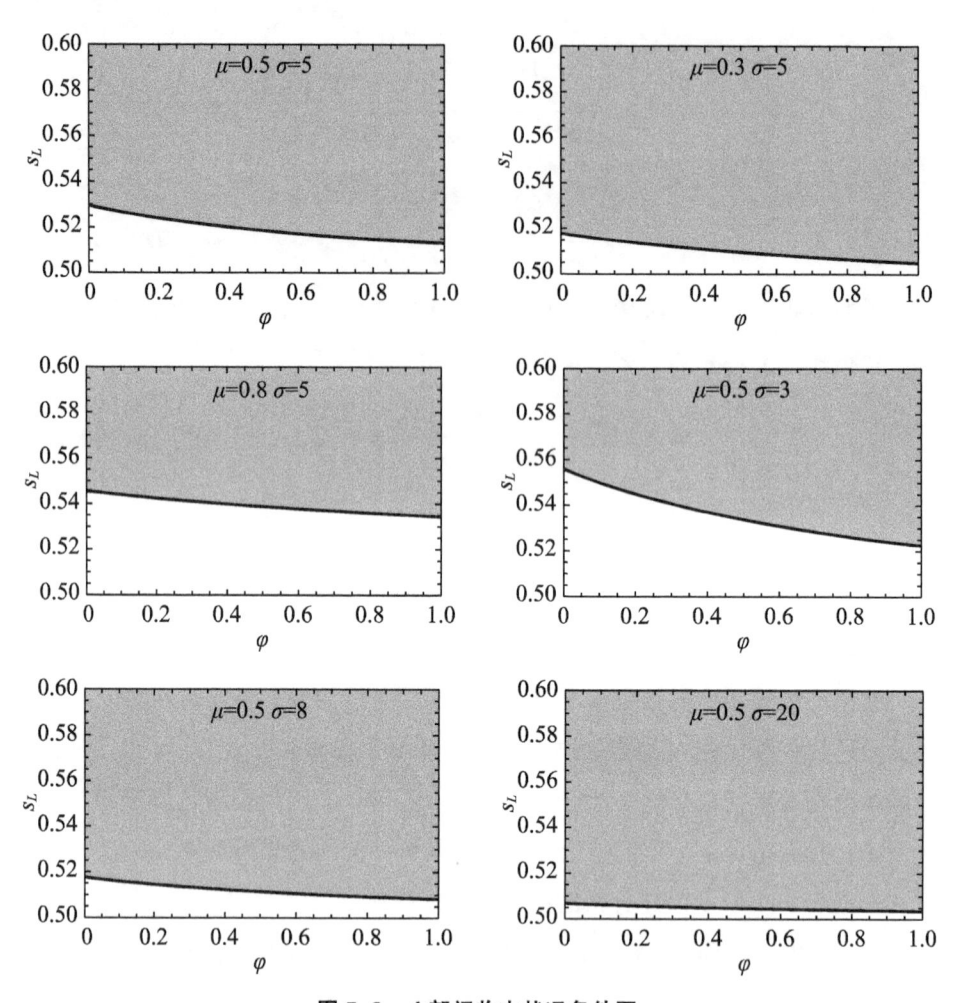

图 5.3 A 部门收支状况条件图

注：阴影和空白部分的分界线为各国的 A 产品实现自给自足所要满足的条件 $s_L = s_L^0$；阴影部分表示 A 产品由 S 国向 N 国出口所要满足的条件；空白部分则表示 A 产品由 N 国向 S 国出口所要满足的条件。

结合图 5.3 可以看到，如果一国货币仅本土化，那么就需要相对较多的劳动力规模才能实现 A 部门贸易的平衡。这意味着，货币的完全国际化对于一个国家的经济发展而言属于一种资源。此外，如上一章的结论，当资本禀赋完全外生时，劳动力规模越大的国家越能成为 A 产品的贸易顺差国。而由于资本禀赋效应，一国的资本禀赋与贸易规模正相关，从而劳动力规模较大的国家由于市场规模大，继而贸易规模较大，从而拥有更多的资本，有利于 M 部门的发展，反而更可能表现出 A 部门贸易逆差。

综合上述的分析，可以得到当双边贸易完全使用一国货币时各国的表现。

结论 5.1 小国为货币弱国。

如果货币弱国的人口份额较小（比略高于 1/2 的水平要小），那么 A 商品由货币弱国向货币强国出口。当贸易开放度不是特别高或者货币弱国劳动力禀赋不是特别小，从而两国都保有 M 产业时，两国的资本禀赋、市场份额以及人均资本、人均收入均随着本国劳动力禀赋的增加而增加；货币强国的资本份额、市场份额以及人均资本、人均收入均随着贸易开放而提高，而货币弱国则正好相反。当贸易足够开放或者货币弱国劳动力禀赋足够小，以至于形成货币强国为 M 产业"核心国"而货币弱国为"边缘国"时，两国资本份额和市场份额均随着劳动力禀赋的增加而增加，而与贸易开放度无关。

结论 5.2 大国为货币弱国。

如果货币弱国的人口份额较大（比略高于 1/2 的水平要大），那么 A 产品由货币强国向货币弱国出口。当贸易开放度不是特别高或者货币弱国劳动力禀赋不是特别大，从而两国都保有 M 产业时，如果贸易开放度不是特别高，两国的资本份额、市场份额均随着本国劳动力禀赋的增加而增加。贸易开放度较低时，两国的人均资本和人均收入均随着本国劳动力禀赋的增加而增加；贸易较开放时，两国的人均资本和人均收入均随着本国劳动力禀赋的增加而降低。当贸易足够开放或者货币弱国劳动力禀赋足够大，以至于形成货币弱国为 M 产业"核心国"而货币强国为"边缘国"时，两国的资本禀赋、市场份额均随着本国劳动力禀赋的增加而扩大；货币弱国（强国）的人均资本和人均收入随着本国劳动力禀赋的增加而扩大（降低）。此外，贸易开放会减少货币弱国的资本禀赋而增加货币强国的资本禀赋。

（二）货币完全国际化的影响

前文的分析告诉我们，货币强国相比于货币弱国，无论在任何贸易开放水平下，均能获得资本禀赋效应带来的资本扩大的效果以及市场规模扩大的效果，分别用 Δs_K 和 Δs_E 表示货币完全国际化带来的资本份额和市场份额扩大的效果，并以此度量货币国际化的资本禀赋效应，很容易判断 $\Delta s_K > 0$，$\Delta s_E > 0$。

1. N 国在货币完全国际化前后均保持 $BP_A > 0$

考虑 N 国在货币完全本土化和完全国际化时，均保持着 A 部门的贸易顺差，即满足 $s_L < 1 - s_L^0 < 1/2$。从而，根据式（5.11）和式（5.22），可以得到：

$$\Delta s_K = \begin{cases} \dfrac{b[(1-b)-(1-2\mu+b)\phi](s_K^0-s_L)+2\phi(\mu-b)s_L-\phi\left(\dfrac{2\mu}{1+\phi}-b\right)}{1-b-(1-b+\mu b)\phi}, & \phi < \phi^{CP} \\ \dfrac{b\mu(1-\mu)s_L}{1-b(1-\mu)}+(\mu-b)+\dfrac{\mu\phi}{1+\phi}, & \phi \geqslant \phi^{CP} \end{cases}$$

$$\Delta s_E = b\Delta s_K \tag{5.35}$$

这里，s_K^0 表示货币完全本土化时 N 国的资本份额。成为货币强国将提升资本禀赋和市场规模，提升的幅度受到劳动力禀赋和贸易开放度的影响。

如图 5.4 所示，贸易越开放则货币完全国际化的资本禀赋效应越强。此外，在内点结构时，劳动力禀赋越大则货币完全国际化的资本禀赋效应也越强。拐点为货币国际化前，出现"边缘国"的贸易开放度临界水平。显然，成为货币强国还增加了产业份额，从而延缓小国成为"边缘国"。

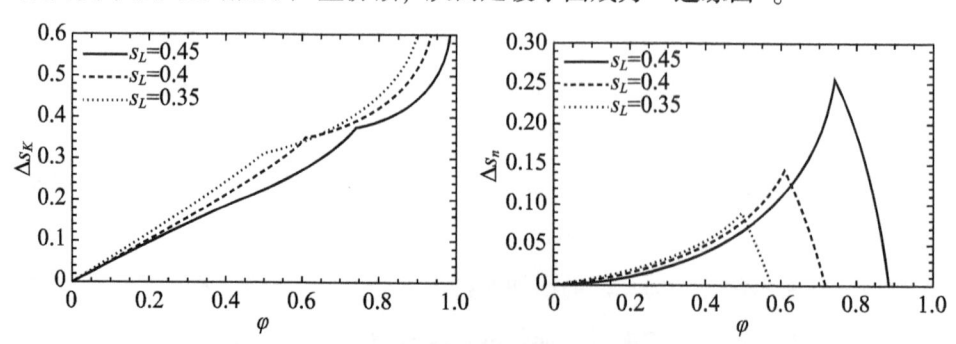

图 5.4 贸易开放度与货币完全国际化的资本禀赋效应（$BP_A > 0$）
模拟参数：$\mu = 0.5$，$\sigma = 5$

2. N 国在货币完全国际化前后均保持 $BP_A < 0$

考虑 N 国在货币完全本土化和完全国际化时，均保持着 A 部门的贸易逆差，即满足 $s_L > s_L^0 > 1/2$。从而，根据式（5.11）和式（5.22）可以得到

Δs_K, $\Delta s_E = b\Delta s_K$。同样,成为货币强国将提升资本禀赋和市场规模,提升的幅度受到劳动力禀赋和贸易开放度的影响。

如图 5.5 所示,贸易越开放,则货币完全国际化的资本禀赋效应越强。此外,在内点结构时,劳动力禀赋越大,则货币完全国际化的资本禀赋效应也越强。拐点为货币国际化后,成为"核心国"的贸易开放度临界水平。显然,成为货币强国增加了产业份额,从而加速大国成为"核心国"。

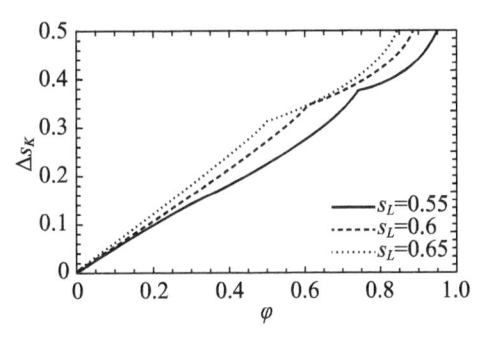

图 5.5 贸易开放度与货币完全国际化的资本禀赋效应($BP_A < 0$)

模拟参数:$\mu = 0.5$,$\sigma = 5$

3. 货币完全国际化后 N 国由 A 产品顺差变为逆差

事实上还有一种可能,即 N 国在货币完全本土化时 A 部门贸易逆差,而在货币完全国际化时 A 部门贸易顺差,即满足 $1 - s_L^0 < s_L < s_L^0$。从而,根据式(5.11)和式(5.22)可以得到:

$$\Delta s_K = \begin{cases} \dfrac{1-\emptyset}{1+\emptyset} \cdot \dfrac{\mu\emptyset}{(1-b)(1-\emptyset) - b\mu\emptyset}, & \emptyset < \emptyset^{CP}, \\ \dfrac{\mu}{1-b(1-\mu)}, & \emptyset \geq \emptyset^{CP}, \end{cases} \quad \Delta s_E = b\Delta s_K \quad (5.36)$$

在这种情况下,货币完全国际化的资本禀赋效应与劳动力禀赋无关,在内点结构时受到贸易开放度的影响,而在 CP 结构时则为一个固定的加成。

这种情况下,货币完全国际化的资本禀赋效应最强。随着贸易开放,货币的完全国际化改变了这个国家的产业结构,使得原本 M 部门流失以至于成为"边缘国"转为扩大了 M 部门,从而成为"核心国"(见图 5.6)。

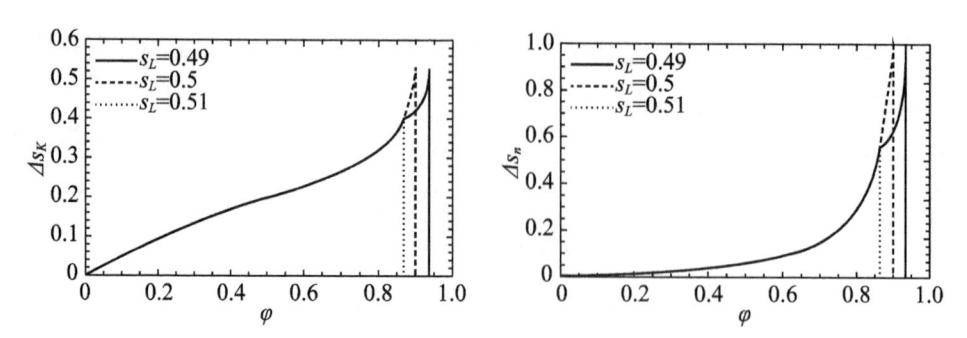

图 5.6　贸易开放度与货币完全国际化的资本禀赋效应
（由 A 部门贸易顺差的货币弱国转为 A 部门贸易逆差的货币强国）
模拟参数：$\mu = 0.5, \sigma = 5$

二、货币部分国际化

考虑到货币国际化进程并非一蹴而就，而是从货币本土化开始，不断提高国际贸易中使用本国货币的比例。从而与本国货币需求相关的国际贸易额中使用本国货币的份额，一般是从极低甚至零开始逐渐增加，直到接近甚至达到 100%。接下来，我们探讨该份额 a_1 的变化所产生的边际影响，$0 \leq a_1 \leq 1$。仅考虑内点结构，依旧分为三种情况探讨。

（一）N 国在货币国际化前后均保持 $BP_A > 0$

根据式（5.10）和式（5.35）可以得到，此时 N 国的资本份额：

$$s_K^a = s_K^0 + \frac{\Delta s_K}{1 + \dfrac{1-a_1}{a_1}F} \qquad (5.37)$$

这里，$F = \dfrac{1-b-(1-b+\mu b)\emptyset}{1-b^2-(1-\mu b+b^2)\emptyset} < 1$，$s_K^0$ 表示货币国际化的起点，即货币完全本土化时，N 国拥有的资本份额。在货币部分国际化后，N 国的资本份额为本国劳动力份额、贸易开放度以及货币完全国际化的资本禀赋效应 Δs_K 的函数。令 N 国的资本份额对本国货币的国际化程度 a_1 求导，可以得到：

$$\frac{\partial s_K^a}{\partial a_1} = \frac{F\Delta s_K}{[a_1+(1-a_1)F]^2} \qquad (5.38)$$

第五章 货币国际化影响全球产业分工的机理分析

在 $\emptyset < \dfrac{1-b}{1-(1-\mu)b}$ 时，$F_\emptyset < 0$ 显然也成立，由于 $\dfrac{\partial \Delta s_K}{\partial \emptyset} > 0$，从而 $\dfrac{\partial(s_K^a - s_K^0)}{\partial \emptyset} > 0$。式（5.38）展示了小国进行货币国际化的资本禀赋效应，当然，贸易越开放，资本禀赋效应越强。

$$\frac{\partial(s_K^a - s_K^0)/(s_K^a - s_K^0)}{\partial a_1/a_1} = \frac{F}{a_1 + (1-a_1)F} < 1, \quad \frac{\partial^2 s_K^a}{\partial a_1^2} < 0 \qquad (5.39)$$

又根据式（5.39）可知，小国进行货币国际化的资本禀赋效应缺乏弹性，即国际贸易结算中使用本国货币的比例每提高一倍，资本禀赋增长则低于一倍。小国进行货币国际化的资本禀赋效应存在着边际递减，在国际化进程初期，资本禀赋效应的效果更明显。

（二）N 国在货币国际化前后均保持 $BP_A < 0$

货币国际化后 N 国的资本份额：

$$s_K^a = s_K^0 + \frac{\Delta s_K}{1 + \dfrac{1-a_1}{a_1 F}} \qquad (5.40)$$

令 N 国的资本份额对本国货币的国际化程度 a_1 求导，可以得到：

$$\frac{\partial s_K^a}{\partial a_1} = \frac{F \Delta s_K}{[Fa_1 + (1-a_1)]^2} \qquad (5.41)$$

由于 $F_\emptyset < 0$ 和 $\dfrac{\partial \Delta s_K}{\partial \emptyset} > 0$ 的效果相互抵消，从而贸易开放是否有助于提升大国货币国际化的资本禀赋效应取决于货币国际化程度；当货币国际化程度较低时，贸易开放能够提升大国货币国际化的资本禀赋效应；当货币国际化程度较高时，贸易开放则会降低大国货币国际化的资本禀赋效应。N 国的资本份额对本国货币的国际化程度 a_1 求导，可以得到：

$$\frac{\partial(s_K^a - s_K^0)/(s_K^a - s_K^0)}{\partial a_1/a_1} = \frac{1}{Fa_1 + (1-a_1)} > 1, \quad \frac{\partial^2 s_K^a}{\partial a_1^2} > 0 \qquad (5.42)$$

又根据式（5.42）可知，大国货币国际化的资本禀赋效应富有弹性，即国际贸易结算中使用本国货币的比例每提高一倍，资本禀赋增长则超过一倍。

145

大国货币国际化的资本禀赋效应则是边际递增,随着国际化进程资本禀赋效应的效果不断增强。

如果货币国际化进程是渐进式的,那么上述两个分类的结论已经完整展示了小国和大国货币国际化的资源禀赋效应。但如果货币国际化进程是跨越式的,而且 N 国劳动力份额恰好在 $1/2$ 左右,满足 $1 - s_L^0 < s_L < s_L^0$,那么还是需要考虑 A 部门贸易流向的转变。

(三)货币国际化后 N 国由 A 产品顺差变为逆差

根据式 (5.10) 和式 (5.36) 可以得到,此时 N 国的资本份额:

$$s_K^a = s_K^0 + \frac{\Delta s_K}{1 + \frac{1-a_1}{a_1}B} \tag{5.43}$$

这里,$B = \dfrac{1 - b - (1 - b + \mu b)\emptyset}{(1-b)^2 - [(1+b)^2 - 3\mu b]\emptyset} > 1$。令 N 国的资本份额对本国货币的国际化程度 a_1 求导,可以得到:

$$\frac{\partial s_K^a}{\partial a_1} = \frac{B \Delta s_K}{[a_1 + (1-a_1)B]^2} \tag{5.44}$$

而且,$B_\emptyset < 0$,由于 $\dfrac{\partial \Delta s_K}{\partial \emptyset} > 0$,从而 $\dfrac{\partial (s_K^a - s_K^0)}{\partial \emptyset} > 0$。式 (5.38) 展示了中等国家进行货币国际化的资本禀赋效应,贸易越开放,资本禀赋效应越强。

$$\frac{\partial (s_K^a - s_K^0)/(s_K^a - s_K^0)}{\partial a_1/a_1} = \frac{B}{a_1 + (1-a_1)B} < 1, \quad \frac{\partial^2 s_K^a}{\partial a_1^2} < 0 \tag{5.45}$$

又根据式 (5.39) 可知,与小国相似,中等国家进行货币国际化的资本禀赋效应也缺乏弹性,即国际贸易结算中使用本国货币的比例每提高一倍,资本禀赋增长则少于一倍。中等国家进行货币国际化的资本禀赋效应也存在着边际递减,在国际化进程初期资本禀赋效应的效果更明显。

综合上述的分析,可以得到不同国家在本国货币国际化进程中资本禀赋效应的表现。

结论 5.3 货币国际化进程和资本禀赋效应。

一国货币在双边贸易中被更广泛地使用,能够增加该国的资本禀赋,扩大该国的市场规模，促进该国产业的发展。对于大国而言，资本禀赋效应随着货币国际化进程而逐渐增强，但货币国际化进程并不会改变其传统部门贸易逆差的状况；当货币国际化程度较低时，贸易开放会削弱资本禀赋效应；随着货币国际化进程加快，贸易开放可能会逐渐增强资本禀赋效应。对于中小国家而言，资本禀赋效应则随着货币国际化进程而逐渐减弱，并且贸易开放会增强资本禀赋效应；如果是小国，货币国际化进程并不会改变其传统部门贸易顺差的状况，却能够延缓贸易开放后产业流失的速度；如果是中等国家，货币国际化进程则可能使其传统部门贸易由顺差转为逆差，并且随着贸易开放改变其产业流失的命运，使其由产业"边缘国"转为"核心国"。

第三节 货币国际化的贸易成本效应

上一节，我们探讨了货币国际化中的资源禀赋效应。我们发现，通过货币的国际化，使本国货币成为国际结算货币，能够起到扩张本国资本的效果。这提升了居民的人均收入水平，并扩大了本国的市场规模，以吸引更多的产业进入本国发展，最终改变了全球产业布局。根据前文的分析，我们知道，如果一国的货币在贸易伙伴国中使用，还能起到降低贸易成本的效果，我们称之为货币国际化的贸易成本效应。本节将探讨，不同的国家货币国际化进程带来的效果差异以及货币国际化的贸易成本效应在不同规模国家所表现出的差异化效果。

为了简化分析，依旧假定两国之间的贸易成本是对称的，即 i 国出口至 j 国的贸易成本，与 j 国向 i 国出口商品的贸易成本相等。即便如此，在一个有 R 个国家的分析框架中也包含了 $R(R-1)/2$ 个贸易成本参数。国别过多可能对结论的分析带来困难。为了能够更清晰地展示模型的结论，本节假设存在三个国家，$i=1,2,3$。按照排序，令 $s_E^1 \geq s_E^2 \geq s_E^3$，即国家1是（市场规模）大国，国家2是中等国家，国家3是小国。

用 ϕ 表示贸易开放度的世界整体水平。考虑国家 i 和国家 j 的双边贸易中更广泛使用了两国（之一）的货币，从而两国之间的贸易开放度提高到 ϕ'，而与第三国之间的贸易开放度 ϕ 保持较低,即 $1 > \phi' > \phi$。

一、贸易成本空间无差异的情况

首先,以各国之间的贸易成本完全相等作为分析的出发点,即此时贸易成本空间无差异。根据上一章的分析,可以得出贸易成本空间均等时各国的产业份额:

$$s_n^j = \frac{1+2\phi}{1-\phi}\left(s_E^j - \frac{1}{3}\right) - \frac{\phi}{1-\phi} \tag{5.46}$$

一个国家拥有的 M 产业份额只受到本国市场规模以及贸易开放度的影响。对于大国而言,贸易越开放,M 产业份额越高;而对于小国而言则正好相反。

二、大国的货币国际化

我们首先探讨规模最大的国家(国家 1)关于货币国际化的不同选择,即向中等国家(国家 2)、小国(国家 3),以及无特定目标国"大水漫灌"式进行货币国际化之间的区别。

(一)锚定国家 2 的货币国际化

由于国家 1 的货币国际化选择面向国家 2,从而国家 1 和国家 2 的双边贸易中贸易成本降低了,贸易开放度提高为 ϕ',而两国与国家 3 之间的贸易成本则保持为 ϕ,假定经济处于内点结构,即 3 个国家都拥有一定的 M 产业。用 λ_{ij} 表示国家 i 和国家 j 的双边贸易中贸易开放度提高的比例,即 $\lambda_{ij} = \phi'/\phi$。$\lambda_{ij}$ 反映了 i 国(锚定国家 j)的货币国际化程度及对应贸易成本效应的大小。

根据上一章的分析,可以得出此时各国的产业份额:

$$s_n^1 = \frac{(1+\lambda_{12}\phi - 2\phi^2)[s_E^1 + (s_E^1 - s_E^2)(\lambda_{12}-1)\phi/(1-\lambda_{12}\phi)]}{(1-\phi)(1+\lambda_{12}\phi - 2\phi)} - \frac{\phi}{1+\lambda_{12}\phi - 2\phi}$$

$$s_n^2 = \frac{(1+\lambda_{12}\phi - 2\phi^2)[s_E^2 + (s_E^2 - s_E^1)(\lambda_{12}-1)\phi/(1-\lambda_{12}\phi)]}{(1-\phi)(1+\lambda_{12}\phi - 2\phi)} -$$

第五章 货币国际化影响全球产业分工的机理分析

$$s_n^3 = \frac{(1+\lambda_{12}\phi-2\phi^2)s_E^3}{(1-\phi)(1+\lambda_{12}\phi-2\phi)} - \frac{\dfrac{\phi}{1+\lambda_{12}\phi-2\phi}}{1-\phi} \tag{5.47}$$

每个国家拥有的 M 产业份额都受到本国的市场规模、贸易开放度以及货币国际化程度的影响。令各国的产业份额对货币国际化程度求导：

$$\frac{\partial s_n^1}{\partial \lambda_{12}} > 0, \quad \frac{\partial s_n^3}{\partial \lambda_{12}} < 0 \tag{5.48}$$

随着国家 1 的货币在与国家 2 的双边贸易中被广泛使用，国家 1 的产业份额都有所提高；国家 3 的产业份额降低；如图 5.7 所示，国家 2 的 M 产业份额是增加还是减少取决于国家 1 的市场份额是否高于 1/3。

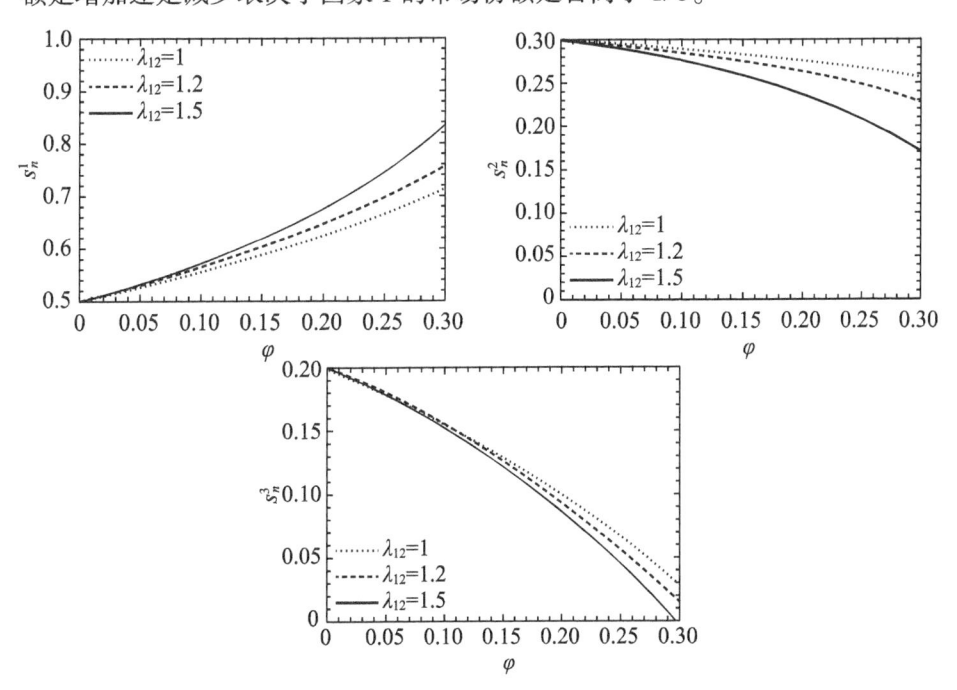

图 5.7（a） 国家 1（向国家 2）货币国际化、（全球）贸易开放与全球产业布局

模拟参数：$\mu = 0.5, \sigma = 5, s_E^1 = 0.5, s_E^2 = 0.3, s_E^3 = 0.2$ ①

---

① 根据式(5.46)可知，随着贸易开放，一个国家的 M 产业是扩张还是萎缩，很可能取决于本国的市场份额是否达到世界平均水平。三个国家中，国家 1 的市场份额必然大于 1/3，国家 3 的市场份额必然小于 1/3。因此，在数值模拟部分选择了两组参数，分别模拟国家 2 市场份额超过和低于世界平均水平的情况。

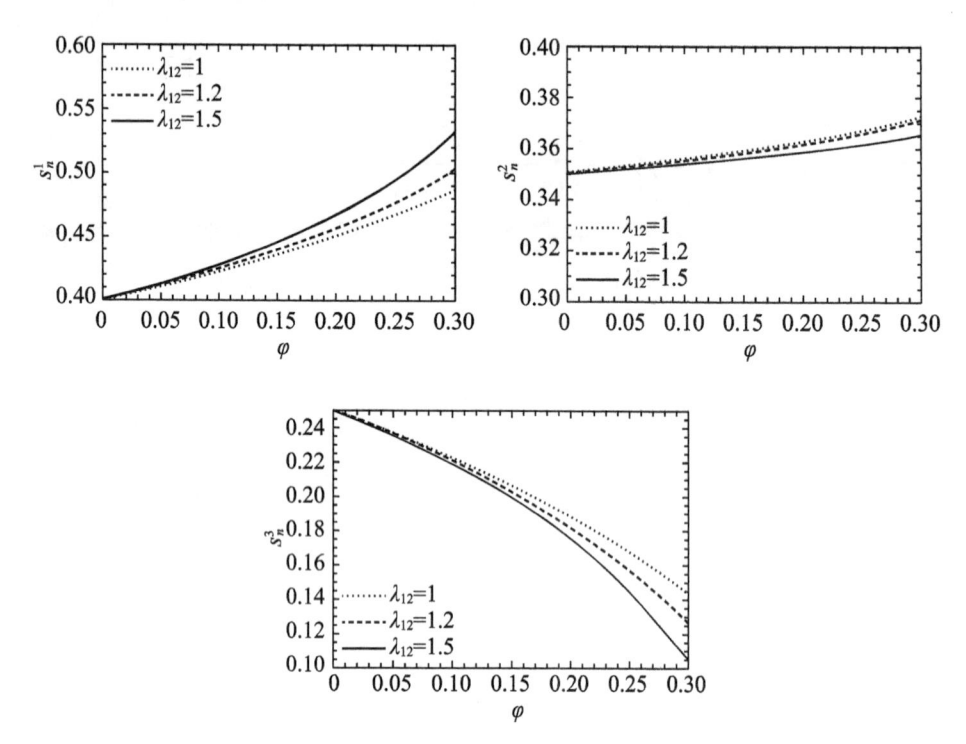

图 5.7（b）　国家 1（向国家 2）货币国际化、（全球）贸易开放与全球产业布局

模拟参数：$\mu = 0.5$，$\sigma = 5$，$s_E^1 = 0.4$，$s_E^2 = 0.35$，$s_E^3 = 0.25$

将国家 1 和国家 2 的产业份额相减：

$$s_n^1 - s_n^2 = \frac{(1 + \lambda_{12}\phi - 2\phi^2)(s_E^1 - s_E^2)}{(1 - \phi)(1 - \lambda_{12}\phi)} \tag{5.49}$$

可以看到，随着国家 1 的货币国际化进程，国家 1 和国家 2 的产业规模差距拉大了。令各国的产业份额对世界贸易开放度求导：

$$\frac{\partial s_n^1}{\partial \phi} > 0,\ \frac{\partial s_n^3}{\partial \phi} < 0,\ \frac{\partial (s_n^1 - s_n^2)}{\partial \phi} > 0 \tag{5.50}$$

随着贸易开放，国家 1 的 M 产业份额扩大而国家 3 的 M 产业流失，如图 5.7 所示，国家 2 的 M 产业份额是增加还是减少取决于国家 2 的市场份额是否高于 1/3；但国家 1 和国家 2 的产业发展差距必然扩大。

（二）锚定国家 3 的货币国际化

由于国家 1 的货币国际化选择面向国家 3，从而国家 1 和国家 3 的贸易成本降低了，贸易开放度提高为 ϕ'，而两国与国家 2 之间的贸易成本则保持为 ϕ，依旧假定经济处于内点结构。

根据上一章的分析，可以得出此时各国的产业份额：

$$s_n^1 = \frac{(1 + \lambda_{13}\phi - 2\phi^2)[s_E^1 + (s_E^1 - s_E^2)(\lambda_{13} - 1)\phi/(1 - \lambda_{13}\phi)]}{(1 - \phi)(1 + \lambda_{13}\phi - 2\phi)} - \frac{\phi}{1 + \lambda_{13}\phi - 2\phi}$$

$$s_n^2 = \frac{(1 + \lambda_{13}\phi - 2\phi^2)s_E^2}{(1 - \phi)(1 + \lambda_{13}\phi - 2\phi)} - \frac{\phi}{1 - \phi}$$

$$s_n^3 = \frac{(1 + \lambda_{13}\phi - 2\phi^2)[s_E^3 + (s_E^3 - s_E^1)(\lambda_{13} - 1)\phi/(1 - \lambda_{13}\phi)]}{(1 - \phi)(1 + \lambda_{13}\phi - 2\phi)} - \frac{\phi}{1 + \lambda_{13}\phi - 2\phi} \tag{5.51}$$

每个国家拥有的 M 产业份额都受到本国市场规模、贸易开放度以及货币国际化程度的影响。令各国的产业份额对货币国际化程度求导：

$$\frac{\partial s_n^1}{\partial \lambda_{13}} > 0, \frac{\partial s_n^2}{\partial \lambda_{13}} < 0, \frac{\partial s_n^3}{\partial \lambda_{13}} < 0 \tag{5.52}$$

随着国家 1 的货币在与国家 3 的双边贸易中被广泛使用，国家 1 的产业份额都有所提高；国家 2 和国家 3 的产业份额降低，如图 5.8 所示。

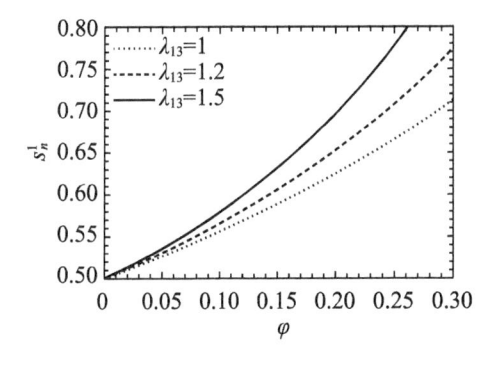

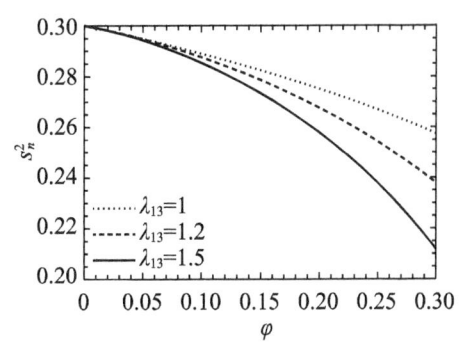

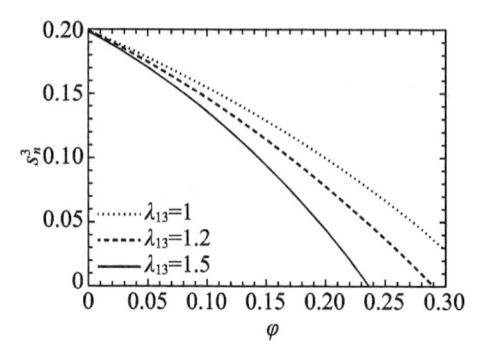

图 5.8（a） 国家 1（向国家 3）货币国际化、（全球）贸易开放与全球产业布局
模拟参数：$\mu = 0.5$, $\sigma = 5$, $s_E^1 = 0.5$, $s_E^2 = 0.3$, $s_E^3 = 0.2$

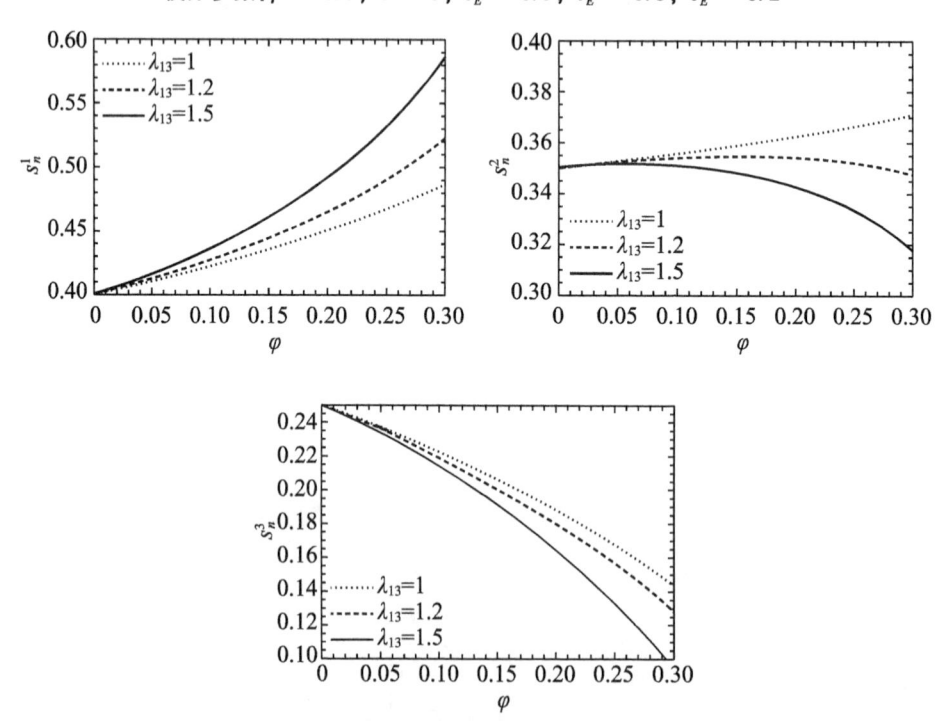

图 5.8（b） 国家 1（向国家 3）货币国际化、（全球）贸易开放与全球产业布局
模拟参数：$\mu = 0.5$, $\sigma = 5$, $s_E^1 = 0.4$, $s_E^2 = 0.35$, $s_E^3 = 0.25$

将国家 1 和国家 3 的产业份额相减：

$$s_n^1 - s_n^3 = \frac{(1 + \lambda_{13}\phi - 2\phi^2)(s_E^1 - s_E^3)}{(1-\phi)(1-\lambda_{13}\phi)} \tag{5.53}$$

可以看到，随着国家 1 的货币国际化进程，国家 1 和国家 3 的产业规模差距拉大了。令各国的产业份额对世界贸易开放度求导：

$$\frac{\partial s_n^1}{\partial \phi} > 0, \frac{\partial (s_n^1 - s_n^3)}{\partial \phi} > 0 \tag{5.54}$$

随着贸易开放，国家3的 M 产业向国家1转移，比较图5.7和图5.8可以发现，国家1在与国家3的贸易中推行货币国际化后，国家3的 M 产业转移速度加快。如果市场规模超过1/3，贸易开放对于国家2的产业发展取决于国家1货币的国际化程度，国际化程度越高，则贸易开放越可能带来国家2的 M 产业萎缩；反之，国际化程度越低，则贸易开放越可能带来国家2的 M 产业扩大。

（三）无特定目标国的货币国际化

考虑国家1在所有与之相关的国际贸易中均扩大本国货币的使用，从而同步提高了与国家2、国家3的贸易开放度，达到 ϕ'，而国家2与国家3之间的贸易成本则保持为 ϕ。用 λ_i 表示国家 i 所有双边贸易中贸易开放度提高的比例，$\lambda_i = \phi'/\phi$。λ_i 反映了 i 国（无特定目标国）的货币国际化程度及对应的贸易成本效应的大小。依旧假定经济处于内点结构。

根据上一章的分析，可以得出此时各国的产业份额：

$$s_n^1 = \frac{(1 + \phi - 2\lambda_1^2 \phi^2) s_E^1}{(1 - \lambda_1 \phi)(1 - 2\lambda_1 \phi + \phi)} - \frac{\lambda_1 \phi}{1 - \lambda_1 \phi}$$

$$s_n^2 = \frac{(1 + \phi - 2\lambda_1^2 \phi^2)[s_E^2 - (s_E^2 - s_E^3)(\lambda_1 - 1)\phi/(1 - \phi)]}{(1 - \lambda_1 \phi)(1 - 2\lambda_1 \phi + \phi)} - \frac{\lambda_1 \phi}{1 - 2\lambda_1 \phi + \phi}$$

$$s_n^3 = \frac{(1 + \phi - 2\lambda_1^2 \phi^2)[s_E^3 - (s_E^3 - s_E^2)(\lambda_1 - 1)\phi/(1 - \phi)]}{(1 - \lambda_1 \phi)(1 - 2\lambda_1 \phi + \phi)} - \frac{\lambda_1 \phi}{1 - 2\lambda_1 \phi + \phi}$$

$$\tag{5.55}$$

每个国家拥有的 M 产业份额都受到本国市场规模、贸易开放度以及国家1的货币国际化程度的影响。令各国的产业份额对国家1的货币国际化程度求导：

$$\frac{\partial s_n^1}{\partial \lambda_1} > 0, \frac{\partial s_n^2}{\partial \lambda_1} < 0, \frac{\partial s_n^3}{\partial \lambda_1} < 0 \tag{5.56}$$

随着国家 1 的货币在与国家 3 的双边贸易中被广泛使用，国家 1 的产业份额都有所提高；国家 2 和国家 3 的产业份额降低，如图 5.9 所示。

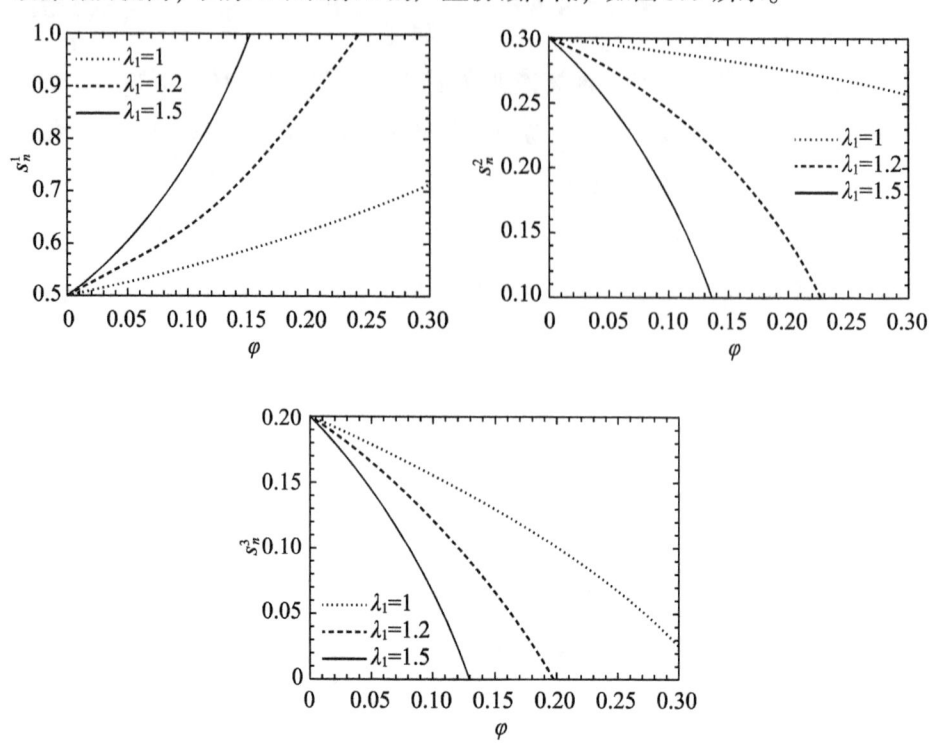

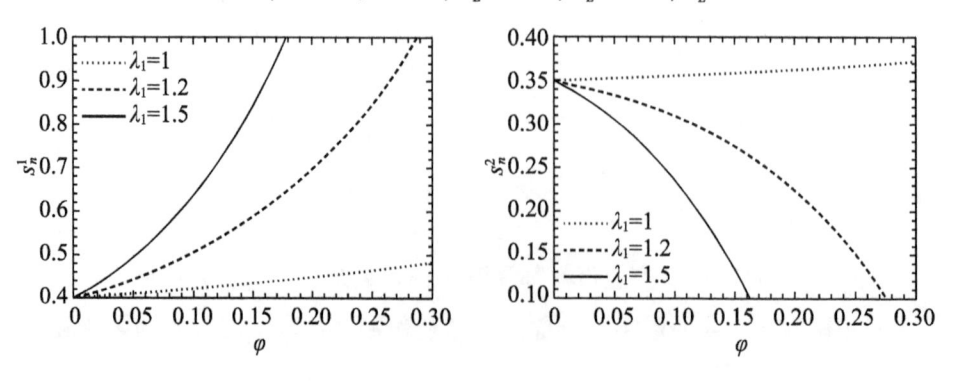

图 5.9（a） 国家 1（无差别）货币国际化、（全球）贸易开放与全球产业布局

模拟参数：$\mu = 0.5$，$\sigma = 5$，$s_E^1 = 0.5$，$s_E^2 = 0.3$，$s_E^3 = 0.2$

第五章 货币国际化影响全球产业分工的机理分析

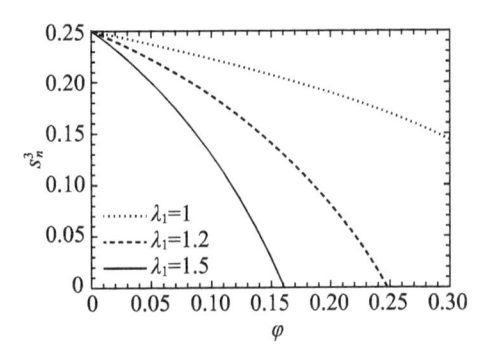

图5.9（b） 国家1（无差别）货币国际化、（全球）贸易开放与全球产业布局
模拟参数：$\mu = 0.5$，$\sigma = 5$，$s_E^1 = 0.4$，$s_E^2 = 0.35$，$s_E^3 = 0.25$

令各国的产业份额对世界贸易开放度求导：

$$\frac{\partial s_n^1}{\partial \phi} > 0, \frac{\partial s_n^3}{\partial \phi} < 0 \tag{5.57}$$

随着贸易开放，国家3的 M 产业向国家1转移，比较图5.7和图5.9可以发现，国家1的货币无差别国际化后，国家3的 M 产业转移速度加快。如果市场规模超过1/3，贸易开放对国家2的产业发展取决于国家1货币的国际化程度，国际化程度越高，则贸易开放越可能带来国家2的 M 产业萎缩；反之，国际化程度越低，则贸易开放越可能带来国家2的 M 产业扩张。

综合上述的分析，基于货币国际化的贸易成本效应和发展本国产业的视角，可以得到大国的货币国际化路径：

结论5.4 大国货币国际化的贸易成本效应和路径选择。

作为市场规模较大的国家，通过货币国际化降低双边贸易中的贸易成本，则有利于本国产业的发展。不论货币国际化的路径选择是针对特定贸易对象国还是无特定目标国的"大水漫灌"式货币国际化，均能推进本国产业的扩大。相较而言，如果将货币国际化的对象国优先设定为其他较大的国家，则可能扶持这些国家的产业发展。此外，在货币国际化进程中，大国还应当致力于推进全球贸易开放。

三、中等国家的货币国际化

接下来，我们探讨中等规模的国家（国家2）关于货币国际化的不同选择，即向大国（国家1）、小国（国家3）以及无特定目标国"大水漫灌"式进行货币国际化之间的区别。

（一）锚定国家1的货币国际化

由于国家2的货币国际化选择面向国家1，从而国家1和国家2之间的贸易成本降低，贸易开放度提高为 ϕ'，而两国与国家3之间的贸易成本则保持为 ϕ。如果只考虑贸易成本效应，显然其结果和国家1锚定国家2的货币国际化相类似。如前文所述，国家2的货币国际化和贸易开放，会提高国家1的产业份额，并降低国家3的产业份额；国家2的 M 产业份额是增加还是减少取决于国家1的市场份额是否高于1/3；但国家1和国家2的产业发展差距必然扩大。

（二）锚定国家3的货币国际化

由于国家2的货币国际化选择面向国家3，从而国家2和国家3的贸易成本降低，贸易开放度提高为 ϕ'，而两国与国家1之间的贸易成本则保持为 ϕ，依旧假定经济处于内点结构。根据上一章的分析可以得出此时各国的产业份额：

$$s_n^1 = \frac{(1+\lambda_{23}\phi-2\phi^2)s_E^1}{(1-\phi)(1+\lambda_{23}\phi-2\phi)} - \frac{\phi}{1-\phi}$$

$$s_n^2 = \frac{(1+\lambda_{23}\phi-2\phi^2)[s_E^2+(s_E^2-s_E^3)(\lambda_{13}-1)\phi/(1-\lambda_{23})]}{(1-\phi)(1+\lambda_{23}\phi-2\phi)} - \frac{\phi}{1+\lambda_{23}\phi-2\phi}$$

$$s_n^3 = \frac{(1+\lambda_{23}\phi-2\phi^2)[s_E^3+(s_E^3-s_E^2)(\lambda_{13}-1)\phi/(1-\lambda_{23})]}{(1-\phi)(1+\lambda_{23}\phi-2\phi)} - \frac{\phi}{1+\lambda_{23}\phi-2\phi} \quad (5.58)$$

每个国家拥有的 M 产业份额都受到本国市场规模、贸易开放度以及国家2货币国际化程度的影响。令各国的产业份额对国家2的货币国际化程度求导：

$$\frac{\partial s_n^1}{\partial \lambda_{23}} < 0, \frac{\partial s_n^2}{\partial \lambda_{23}} > 0, \frac{\partial s_n^3}{\partial \lambda_{23}} > 0 \qquad (5.59)$$

随着国家 2 的货币在与国家 3 的双边贸易中被广泛使用，国家 1 的产业份额降低，国家 2 和国家 3 的产业份额增加。

如图 5.10 所示，除非国家 2 的市场份额较小（低于 1/3）且国家 2 的货币国际化程度较低，否则国家 2 的 M 产业将随着贸易开放而发展，而国家 1 和国家 3 的 M 产业流向取决于国家 2 的货币国际化程度：国家 2 的货币国际化程度较低时，国家 1 的 M 产业份额随着贸易开放而增加，而国家 3 的 M 产业份额随着贸易开放而减少；随着国家 2 向国家 3 的货币国际化深入推进，贸易逐渐开放，国家 1 的 M 产业份额先增后减，呈现倒 U 形，而国家 3 的 M 产业份额先减后增，呈现 U 形；国家 2 的货币国际化程度较高时，国家 1 的 M 产业份额随着贸易开放而减少，而国家 3 的 M 产业份额随着贸易开放而增加。

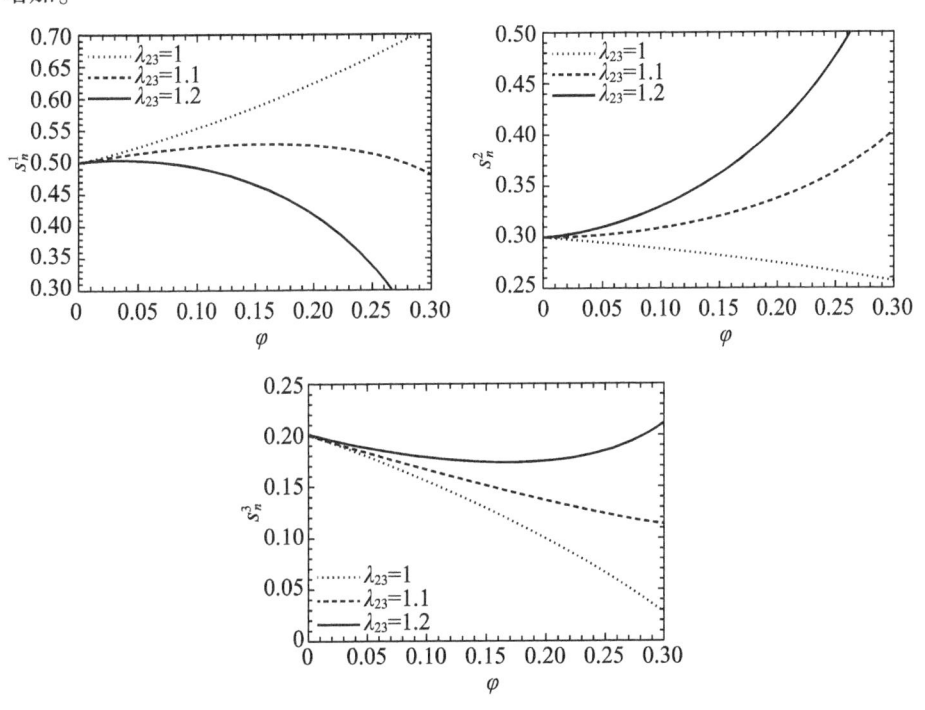

图 5.10（a） 国家 2（向国家 3 的）货币国际化、（全球）贸易开放与全球产业布局
模拟参数：$\mu = 0.5$，$\sigma = 5$，$s_E^1 = 0.5$，$s_E^2 = 0.3$，$s_E^3 = 0.2$

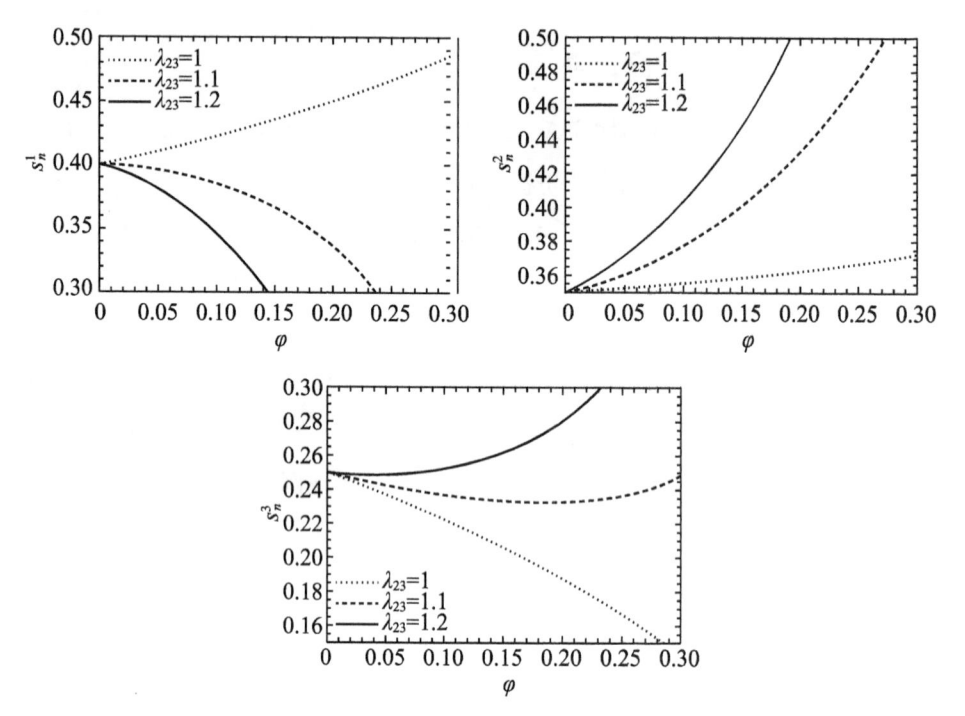

图 5.10（b） 国家 2（向国家 3 的）货币国际化、（全球）贸易开放与全球产业布局
模拟参数：$\mu = 0.5$, $\sigma = 5$, $s_E^1 = 0.4$, $s_E^2 = 0.35$, $s_E^3 = 0.25$

比较图 5.7 和图 5.10 可以发现，中等国家（国家 2）向小国（国家 3）推进货币国际化，相比于向大国（国家 1）推进货币国际化，更有利于形成"小国同盟"以对抗大国在贸易开放后的优势地位，保护本国和伙伴国的产业发展。

（三）无特定目标国的货币国际化

考虑国家 2 在所有与之相关的国际贸易中均扩大本国货币的使用，从而同步提高了与国家 1、国家 3 的贸易开放度，达到 ϕ'，而国家 1 与国家 3 之间的贸易成本则保持为 ϕ。依旧假定经济处于内点结构。

根据上一章的分析，可以得出此时各国的产业份额：

$$s_n^1 = \frac{(1+\phi-2\lambda_2^2\phi^2)[s_E^1+(s_E^1-s_E^2)(1-\lambda_2)\phi/(1-\phi)]}{(1-\lambda_2\phi)(1+\phi-2\lambda_2\phi)} - \frac{\lambda_2\phi}{1+\phi-2\lambda_2\phi}$$

$$s_n^2 = \frac{(1+\phi-2\lambda_2^2\phi^2)s_E^2}{(1-\lambda_2\phi)(1+\phi-2\lambda_2\phi)} - \frac{\lambda_2\phi}{1-\lambda_2\phi}$$

$$s_n^3 = \frac{(1+\phi-2\lambda_2^2\phi^2)[s_E^3+(s_E^3-s_E^1)(1-\lambda_2)\phi/(1-\phi)]}{(1-\lambda_2\phi)(1+\phi-2\lambda_2\phi)} - \frac{\lambda_2\phi}{1+\phi-2\lambda_2\phi}$$

(5.60)

每个国家拥有的 M 产业份额都受到本国市场规模、贸易开放度以及货币国际化程度的影响。令各国的产业份额对货币国际化程度求导：

$$\frac{\partial s_n^1}{\partial \lambda_2} < 0, \quad \frac{\partial s_n^3}{\partial \lambda_2} > 0 \tag{5.61}$$

如图 5.11 所示，随着国家 2 的货币在所有相关双边贸易中均被广泛使用，国家 1 的产业份额减少，国家 3 的产业份额增加。当国家 2 的货币国际化程度较低时，在贸易较封闭时货币国际化进程会减少国家 2 的产业份额，在贸易较开放时货币国际化进程会增加国家 2 的产业份额；当国家 2 的货币国际化程度较高时，货币国际化进程则在任何贸易开放度下均会增加国家 2 的产业份额。但整体而言，国家 2 实行无差别的货币国际化，对各国的产业份额影响极小。

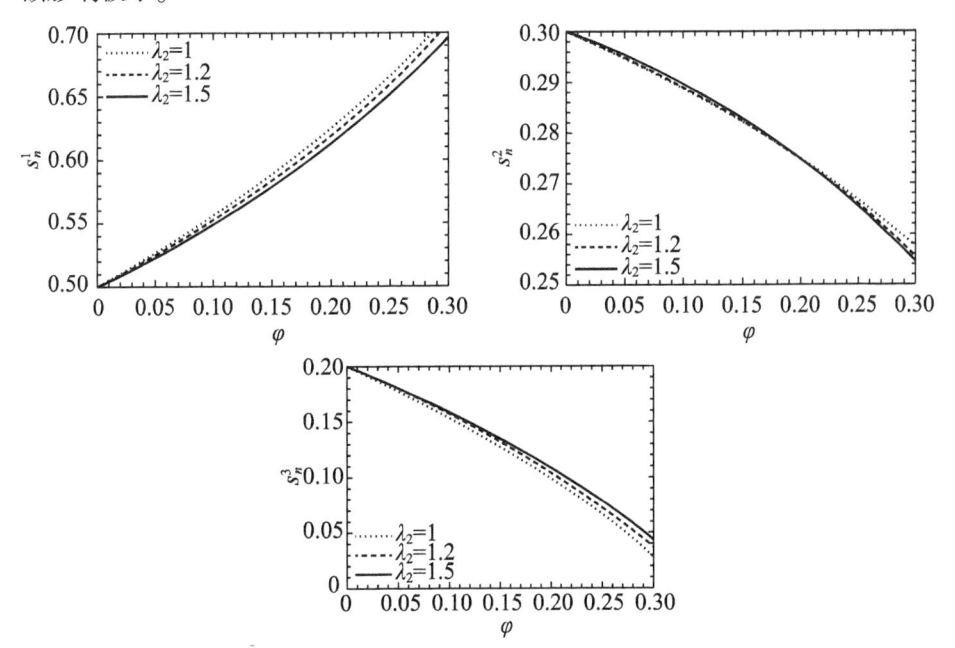

图 5.11（a） 国家 2（无差别的）货币国际化、（全球）贸易开放与全球产业布局
模拟参数：$\mu = 0.5$, $\sigma = 5$, $s_E^1 = 0.5$, $s_E^2 = 0.3$, $s_E^3 = 0.2$

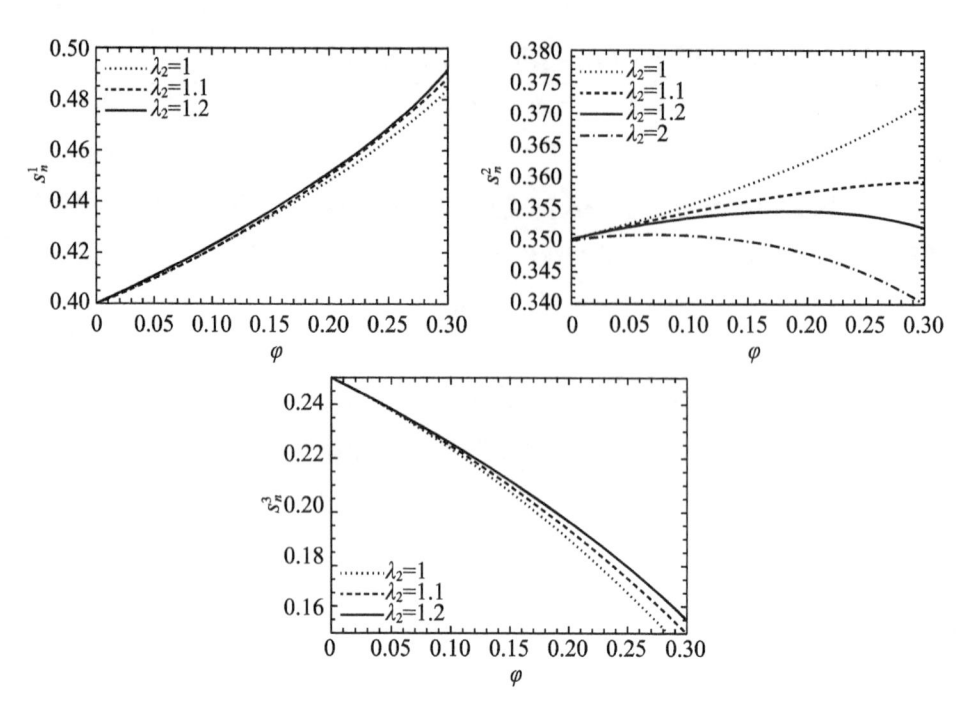

图 5.11（b） 国家 2（无差别的）货币国际化、（全球）贸易开放与全球产业布局
模拟参数：$\mu = 0.5$, $\sigma = 5$, $s_E^1 = 0.4$, $s_E^2 = 0.35$, $s_E^3 = 0.25$

令各国的产业份额对世界贸易开放度求导：

$$\frac{\partial s_n^1}{\partial \phi} > 0, \frac{\partial s_n^3}{\partial \phi} < 0 \tag{5.62}$$

随着贸易开放，国家 3 的 M 产业向国家 1 转移。如果市场规模低于 1/3，贸易开放将导致国家 2 的产业萎缩；如果市场规模超过 1/3，贸易开放对国家 2 的产业发展取决于其货币国际化的程度：国际化程度越低时，贸易开放可能带来国家 2 的 M 产业扩张；国际化程度越高时，贸易开放越可能带来国家 2 的 M 产业先扩大后缩小，呈现倒 U 形。

综合上述的分析，基于货币国际化的贸易成本效应和发展本国产业的视角，可以得到中等国家的货币国际化路径。

结论 5.5 中等国家货币国际化的贸易成本效应和路径选择。

作为市场规模在世界平均水平的中等国家，如果尝试货币国际化，其道路选择对本国产业发展会产生较大影响。如果货币国际化目标国为大国，这会导致本国产业的大量流失。如果选择与较小的国家形成"小国同盟",则能保护本国产业;无特定目标国"大水漫灌"式的货币国际化则一定程度上是两方面效果的相互抵消。但只要货币国际化对象中包含大国,随着全球贸易的开放,依旧会面临产业的流失。而"小国同盟"则能在一定程度上对抗大国,在贸易开放中发展本国产业,尤其当"小国同盟"的货币一体化程度足够高时。

四、小国的货币国际化

最后,我们探讨小国(国家3)关于货币国际化的不同选择,即向大国(国家1)、中等国(国家2)以及无特定目标国"大水漫灌"式进行货币国际化之间的区别。

(一)锚定国家1的货币国际化

由于国家3的货币国际化选择面向国家1,从而国家1和国家3之间的贸易开放度提高。如果只考虑贸易成本效应,显然其结果和国家1锚定国家3的货币国际化相类似。如前文所述,锚定国家1的货币国际化和贸易开放,会降低国家3的产业份额,而提高国家1的产业份额;国家2的M产业也随着国家1的货币国际化而萎缩,但贸易开放对国家2的产业发展取决于国家2的市场份额是否高于1/3:如果市场规模低于1/3,贸易开放将导致国家2的产业扩大;如果国家2的市场份额高于1/3,国家3的货币国际化程度较低时,国家2的M产业份额也随着贸易开放而增加;而当国家3的货币国际化程度较高时,国家2的M产业份额随着贸易开放先增加后减少,呈现倒U形。

(二)锚定国家2的货币国际化

由于国家3的货币国际化选择面向国家2,从而国家2和国家3之间的贸易开放度提高。如果只考虑贸易成本效应,显然其结果和国家2锚定国家3的货币国际化相类似。

如前文所述,随着国家3的货币在与国家2的双边贸易中被广泛使用,国家1的产业份额降低,国家2和国家3的产业份额增加。如图5.10所示,国家1和国家3的M产业流向取决于国家1的货币国际化程度:国家1的货币国际化程度较低时，国家1的 M 产业份额随着贸易开放而增加，而国家3的 M 产业份额随着贸易开放而减少；国家3向国家2的货币国际化程度提高后，随着贸易开放，国家1的 M 产业份额先增后减，呈现倒 U 形，而国家3的 M 产业份额先减后增，呈现 U 形；国家3的货币国际化程度较高时，国家1的 M 产业份额随着贸易开放而减少，而国家3的 M 产业份额随着贸易开放而增加。而对于国家2，除非国家2的市场份额较小（低于1/3）且货币国际化程度较低，否则国家2的 M 产业将随着贸易开放而发展。

两个小国之间国际结算广泛使用彼此的货币，更有利于形成"小国同盟"以对抗大国在贸易开放后的优势地位，保护本国和伙伴国的产业发展。

（三）无特定目标国的货币国际化

考虑国家3在所有与之相关的国际贸易中均扩大本国货币的使用，从而同步提高了与国家1、国家2的贸易开放度，达到 ϕ'，而国家1与国家2之间的贸易成本则保持为 ϕ。依旧假定经济处于内点结构。

根据上一章的分析可以得出此时各国的产业份额：

$$s_n^1 = \frac{(1+\phi-2\lambda_3^2\phi^2)[s_E^1+(s_E^1-s_E^2)(1-\lambda_3)\phi/(1-\phi)]}{(1-\lambda_3\phi)(1+\phi-2\lambda_3\phi)} - \frac{\lambda_3\phi}{1+\phi-2\lambda_3\phi}$$

$$s_n^2 = \frac{(1+\phi-2\lambda_3^2\phi^2)[s_E^2+(s_E^2-s_E^1)(1-\lambda_3)\phi/(1-\phi)]}{(1-\lambda_3\phi)(1+\phi-2\lambda_3\phi)} - \frac{\lambda_3\phi}{1+\phi-2\lambda_3\phi}$$

$$s_n^3 = \frac{(1+\phi-2\lambda_3^2\phi^2)s_E^3}{(1-\lambda_3\phi)(1+\phi-2\lambda_3\phi)} - \frac{\lambda_3\phi}{1-\lambda_3\phi} \quad (5.63)$$

令各国的产业份额对货币国际化程度求导：

$$\frac{\partial s_n^1}{\partial \lambda_3} < 0, \frac{\partial s_n^2}{\partial \lambda_3} < 0, \frac{\partial s_n^3}{\partial \lambda_{12}} > 0 \quad (5.64)$$

随着国家3的货币在双边贸易中被广泛使用，国家1和国家3的 M 产业流向了国家3。

令各国的产业份额对世界贸易开放度求导：

$$\frac{\partial s_n^1}{\partial \phi} > 0, \frac{\partial s_n^3}{\partial \phi} < 0 \quad (5.65)$$

随着贸易开放，国家1的 M 产业扩大而国家3的 M 产业萎缩，如图5.12

所示，国家 2 的 M 产业份额是增加还是减少取决于国家 2 的市场份额是否高于 1/3。

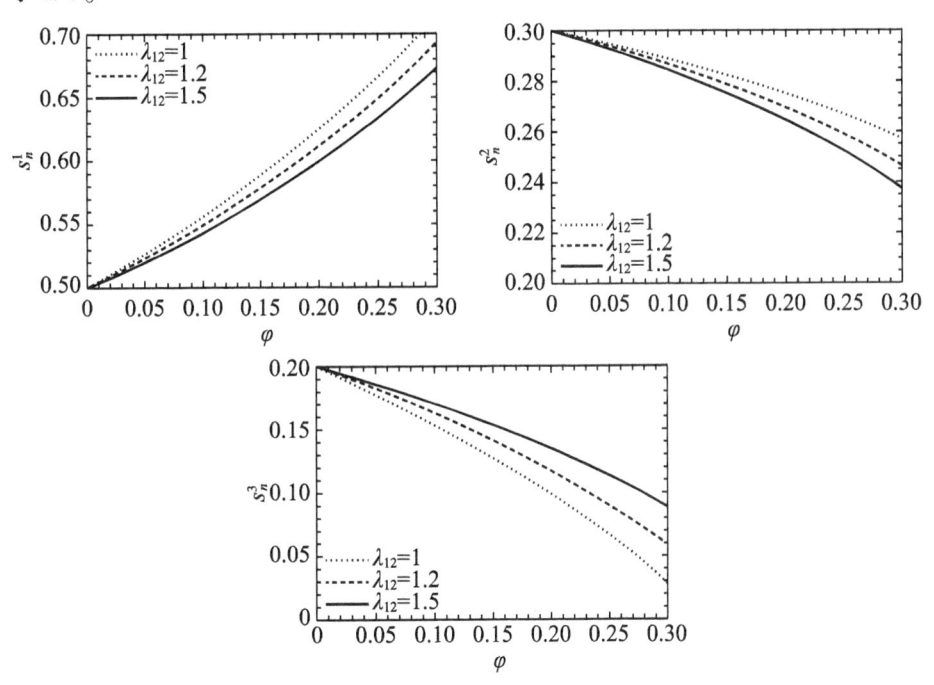

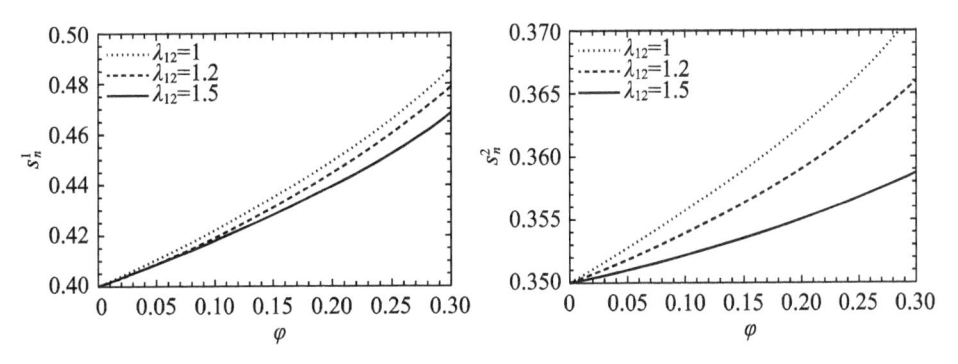

图 5.12（a） 国家 3（无差别的）货币国际化、（全球）贸易开放与全球产业布局
模拟参数：$\mu = 0.5$，$\sigma = 5$，$s_E^1 = 0.5$，$s_E^2 = 0.3$，$s_E^3 = 0.2$

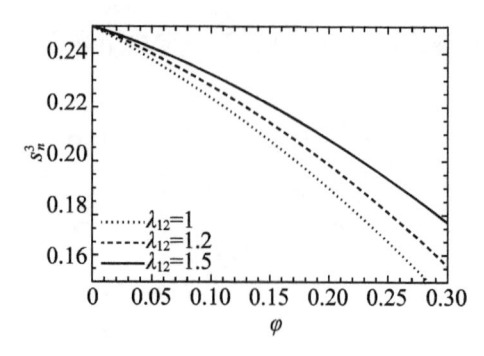

图5.12（b） 国家3（无差别的）货币国际化、（全球）贸易开放与全球产业布局
模拟参数：$\mu = 0.5$, $\sigma = 5$, $s_E^1 = 0.4$, $s_E^2 = 0.35$, $s_E^3 = 0.25$

综合上述的分析，基于货币国际化的贸易成本效应和发展本国产业的视角，可以得到小国的货币国际化路径。

结论5.6 小国货币国际化的贸易成本效应和路径选择。

作为市场规模较小的国家，如果尝试货币国际化，其道路选择会极大地影响到本国产业的发展，从而需要相当慎重。如果货币国际化目标为大国，这会导致本国产业的大量流失。如果无特定目标国"大水漫灌"式的货币国际化或者与其他市场规模相对不大的国家形成"小国同盟"，则能保护本国产业的发展；但是，"大水漫灌"式的货币国际化随着全球贸易逐渐开放，依旧会出现产业的流失；而"小国同盟"则能一定程度上对抗大国，在贸易开放中发展本国产业，尤其当"小国同盟"的货币一体化程度足够高时。

参考文献

[1] 宋承先，等. 现代经济学原理重点难题（第二版）[M]. 北京：经济科学出版社，2009.

[2] 李稻葵，刘霖林. 人民币国际化：计量研究及政策分析 [J]. 金融研究，2008 (6)：1-16.

[3] 陈雨露，王芳，杨明. 作为国家竞争战略的货币国际化：美元的经验证据——兼论人民币国际化问题 [J]. 经济研究，2005 (2)：35-44.

[4] 人民币国际化研究课题组. 人民币国际化的时机、路径及其策略 [J]. 中国金融，2006 (5)：12-13.

[5] 林乐芬，王少楠. "一带一路"建设与人民币国际化 [J]. 世界经济与政治，2015 (11)：72-90，158.

[6] 李晓，李俊久，丁一兵. 论人民币的亚洲化 [J]. 世界经济，2004 (2)：21-34，79.

[7] 何慧刚. 人民币国际化：模式选择与路径安排 [J]. 财经科学，2007 (2)：37-42.

[8] 陈雨露，张红地. 全球新兴经济体机构对中国外汇储备资产的需调查 [J]. 国际金融研究，2008 (11)：4-11.

[9] 王元龙. 关于人民币国际化的若干问题研究 [J]. 财贸经济，2009 (7)：16-22，135.

[10] 李婧. 从跨境贸易人民币结算看人民币国际化战略 [J]. 世界经济研究，2011 (2)：13-19，87.

[11] 郝云飞，薄小龙. 人民币国际化研究：普遍测算与影响因素分析[J]. 经济研究，2017 (2): 125-139.

[12] 陈海红，余永定. 人民币国际化的意义与条件[J]. 国际经济评论，2010 (1): 46-64.

[13] 张宇燕，张静春. 货币的性质与人民币的未来选择——兼论亚洲货币合作[J]. 当代亚太，2008 (2): 9-43.

[14] 高海红. 汇率波动对货币国际化存在紧要影响吗？[J]. 国际金融研究，2012 (11): 55-64.

[15] 余道先，王云. 人民币国际化进程的影响因素分析——基于国际化收支视角[J]. 世界经济研究，2015 (3): 3-14, 127.

[16] 杨荣海，李亚波. 资本账户开放对人民币国际化"货币锚"地位的影响分析[J]. 经济研究，2017 (1): 134-148.

[17] 王孝松，刘碧，赵永泰. 人民币国际使用的影响因素——基于计量经济分析[J]. 经济研究，2021, 56 (4): 126-142.

[18] 彭红枫，谭小玉. 人民币国际化水平及影响因素——基于计量模型的实证研究[J]. 国际金融研究，2023 (3): 61-73.

[19] 李建军，田光宁. 三大货币国际化的路径比较与启示[J]. 上海金融，2003 (9): 34-35.

[20] 孙健，维尔京. 唐爱明. 从工本桑年代的历程看人民币国际化战略的路径选择[J]. 亚太经济，2005 (2): 69-71.

[21] 刘滨忠，魏文澈，邓曲恒. 数字经济新背景下货币国际化的演变逻辑分析[J]. 云南社会科学，2022 (4): 111-121.

[22] 施炳展. 互联网与国际贸易——基于双边双向网站链接数据的经验证据分析[J]. 经济研究，2016, 51 (5): 172-187.

[23] 戴云清，李兵. 电子商务平台应用与中国制造业出口的增长——基于"阿里巴巴"大数据的经验研究[J]. 中国工业经济，2018 (8): 97-115.

[24] 蒋礼萍，张二震. 国际投资银行一体化条件下我国贸易利益分配问题新解

参考文献

据——兼论我国外资工业推动出口贸易的增长[J]. 世界经济研究, 2003 (9): 48-51.

[25] 王岳平. 我国加工贸易的技术溢出效应研究[J]. 世界经济研究, 2006 (7): 35-39.

[26] 张明志, 李敏. 国际垂直专业化分工下中国制造业产业升级及发展分析[J]. 国际贸易问题, 2011 (1): 118-128.

[27] 文东伟, 冼国明, 马静. FDI, 产业结构变迁与中国的出口竞争力[J]. 管理世界, 2009 (4): 96-107.

[28] 姚志毅, 李峰. 国际分工体系视角的垂直专业化. 来无比互动的演变轨迹[J]. 世界经济, 2008 (2): 30-39.

[29] 戴翔, 工业奏乐, 资本账户开放与贸易的国际化——德国与我国的国际转移[J]. 世界经济与政治, 2013 (12): 140-155, 160.

[30] 樊开太, 余志斌. 全球经济新趋势. 新国际产业转移, 新国际贸易体系与中国的崛起[J]. 当代经济研究, 2013 (3): 16-22, 93.

[31] 中国人民银行. 2022年人民币国际化报告[R/OL]. (2022-09-24)[2023-05-31]. http: //www.gov.cn/xinwen/2022-09/24/content_5711660.htm.

[32] 中国人民大学国际货币研究所. 人民币国际化报告 2019: 高质量发展与开放水平交融推升[M]. 北京: 中国人民大学出版社, 2019.

[33] 亚当·斯密. 国民财富的性质和原因的研究[M]. 郭大力, 王亚南, 译. 北京: 商务印书馆, 1983.

[34] 杨小凯. 经济学——新兴古典与新古典框架[M]. 北京: 社会科学文献出版社, 2003.

[35] FUJITA M, Krugman P. When is the economy monocentric?: von Thünen and Chamberlin unified [J]. Regional Science and Urban Economics, 1995, 25 (4): 505-528.

[36] RICHARD BAIDWIN, RIKARD FORSLID, PHILIPPE MARTIN, ead. Economic geography and public policy [M]. Princeton: Princeton University Press, 2003.

167

[37] KRUGMAN P. Increasing returns and economics geography [J]. Journal of Political Economy, 1991, 99 (3): 483-499.

[38] DIXIT A. , E. STIGLITZ. Monopolistic competition and optimum product diversity [J] . American Economic Review, 1977, 67: 297-308.

[39] FUJITA M. , MORI T. Frontiers of the new economic geography [J]. Papers in Regional Science, 2005, 84 (3): 377-405.

[40] MARTIN P, ROGERS C A. Industrial location and public infrastructure [J]. Journal of International Economics, 1995, 39 (3-4): 335-351.

[41] TAVLAS G. The international use of the US dollar [J]. World economy, 1997, 20: 709-49.

[42] HARTMANN P. The international role of EURO [J]. Journal of policy modeling, 2002, 24: 315.

[43] CHINN, JEFFREY FRANKEL. Will the Euro eventually surpass the Dollar as leading international reserve currency? [R]. NBER working paper, 2005, No. 11510.

[44] MUNDELL R. Does Asia need a common currency [J]. Exchange rate regimes and macroeconomic stability, 2003; 61-75.

[45] KENEN, PETER. Currency internationalization: an overview [C]. Paper, Bok-BIS seminar on currency internationalization: lessons from the global financial crisis and prospects for the future in Asia and the Pacific, Seoul, March, 2009.

[46] SWOBODA, MUNDELL R A. Monetary problems of the international economy [M]. University of Chicago Press, 1969.

[47] KARL B, ALLAN M. A monetarist framework for aggregative analysis [C]. Proceedings of first konstanzer seminar on monetary theory and monetary policy supplement to credit and capital, 1972.

[48] MCKINNON R. Portfolio balance and international payments adjustment in monetary problems of the international economy [M]. Chicago University

[49] KRUGMAN P. Vehicle currencies and the structure of international exchange [J]. Journal of money, 1980, 5: 513-526.

[50] REY H. International trade and currency exchange [J]. Review of economic studies, 2001: 43-464.

[51] KRUGMAN P. Vehicle currencies and the structure of international exchange [J]. Journal of money, 1980: 513-526.

[52] FRIBERG R. In which currency should exporters set their prices? [J]. Journal of international economics, 1998, 45: 59-76.

[53] DEVEREUX B, ENGEL, CHARLES. Monetary policy in the open economy revisited: price setting and exchange rate flexibility [R]. NBER working paper, National Bureau of economic research, 2000.

[54] Bergsten C. The dilemmas of the dollar: the economics and politics of United States international monetary policy [R]. Published for the Council on Foreign Relations by New York University Press, 1975.

[55] BALBACH B, RESLER H. Eurodollars and the U.S. money supply [R]. Federal Reserve Bank of St. Louis review, 1980, 62 (6): 2-12.

[56] TAVALS G. Internationalization of currencies: the case of the US dollar and its challenger EURO [J]. The International Executive, 1998: 581.

[57] BETTS, CAROLINE, DEVEREUX B. Exchange rate dynamics in a model of pricing-to-market [J]. Journal of international economics, 2000, 50: 215-244.

[58] JULLIEN B. Two-sides B to B platforms [R]. In the Oxford handbook of the digital economy, edited by Matin Peitz and Joel Waldfogel, New York: Oxford University Press, 2012: 161.

[59] CHOI C. The effect of the internet on service trade [J]. Economics letters, 2010: 102-104.

[60] LENDLE A, VEZINA P. Internet technology and the extensive margin of trade: evidence from eBay in emerging economics [J]. Reviews of development eco-

nomics, 2015, 2: 375-386.

[61] LANZ R, LUNDQUIST K, MANSIO G, et al. E-commerce and developing country-SME participation in global value chains [R]. WTO staff working paper, 2018.

[62] AGRAWAL A, LACETERA N, LYONS E. Does standardized information in online markets disproportionately benefit job applicants from less developed countries? [J]. Journal of international economics, 2016, 103: 1-12.

[63] World Bank. World development report 2020: trading for development in the age of global value chains [R]. World Bank Publications, 2020.

[64] World Trade Organization. World Trade Report 2018: the future of the world trade-how digital technologies are transforming global commerce [R]. 2019.

[65] McKinsey Global Institute. Globalization in transition: the future of trade and value chains [R]. 2019.

[66] LAPLUME A, PETERSEN B, PEARCE J. Global value chains from 3D printing perspective [J]. Journal of international business studies, 2016, 5: 595-609.

[67] RODRIK D. New technologies, global value chains, and developing economics [C]. National Bureau of economic research working paper, 2018.

[68] GEREFFI G. The organization of buyer-driven global commodity chains: how U. S. retailers shape overseas production networks [R]. Praeger Publishers, 1994: 5-122.

[69] RAPHAEL KAPLINSKY, MIKE MORRIS. A handbook for value chain research [R]. IDRC, 2002.

[70] KAPLINSKY R. Globalization and upgrading: what can and cannot be learnt from international trade statistics in the wood furniture sector [R]. Mimeo, CENTRIM. University of Brighton and Institute of Development Studies, University of Sussex, Brighton, 2000.

[71] KAPLINSKY R. Is globalization all it is cracked up to be [J]. Review of international political economy, 2001, 8: 45-65.

参考文献

[72] GROSSMAN C, HELPMAN E. Integration versus outsourcing in industry equilibrium [J]. The quarterly journal of economics, 2002, 117: 85-120.

[73] SRHOLEC M. High tech exports from development countries: a symptom of technology spurts or statistical illusion? [J]. Review of world economics, 2007, 143 (2): 227-255.

[74] AMITI M, FREUND C. An anatomy of China's trade growth [C]. Presented for the Trade Conference, IMF, 2007.

[75] HUMPHREY J, SCHMITZ H. Governance and upgrading: linking industrial cluster and global value chains research [R]. IDS working paper, No. 12, Institute of Development Studies University of Sussex, 2000.

[76] BAZAN L, NAVAS-ALEMA'N L. The underground revolution in the Sinos Valley: A comparison of upgrading in the global and national value chain [C]. Paper for Workshop local upgrading in global chains, held at the Institute of Development Studies, University of Sussex, 2002.

[77] BORLAND J, YANG X K. Specialization, product development, evolution of the institution of the firm, and economic growth [J]. Journal of evolutionary economics, 1995, 5 (1): 19-42.